KB183748

파이코인,
올라타라 어서!

파이코인, 올라타라 어서!

왜 비트코인이 아닌 파이코인이어야 하는가?

초 판 1쇄 2024년 12월 23일
초 판 2쇄 2025년 01월 08일

지은이 심현빈
펴낸이 류종렬

펴낸곳 미다스북스
본부장 임종익
편집장 이다경, 김가영
디자인 윤가희, 임인영
책임진행 이예나, 김요섭, 안채원, 김은진, 장민주

등록 2001년 3월 21일 제2001-000040호
주소 서울시 마포구 양화로 133 서교타워 711호
전화 02) 322-7802~3
팩스 02) 6007-1845
블로그 http://blog.naver.com/midasbooks
전자주소 midasbooks@hanmail.net
페이스북 https://www.facebook.com/midasbooks425
인스타그램 https://www.instagram.com/midasbooks

ISBN 979-11-6910-992-5 03320

값 19,500원

미다스북스는 다음세대에게 필요한 지혜와 교양을 생각합니다.

A New Opportunity, PiCoin

파이코인, 올라타라 어서!

왜 비트코인이 아닌 파이코인이어야 하는가?

심현빈 지음

미다스북스

프롤로그

이제는 경제에 있어서 이성(logos)뿐만 아니라 감성과 이성, 인문학과 과학을 아우르는 것이 서서히 자리 잡을 때가 왔습니다. 현재 우리나라의 대세를 살펴보면, 그 어디에도 의지할 데 없는 순망치한의 형국과 다르지 않습니다. 지금의 대한민국은 조선 말기의 혼란을 방불케 하는 서로 다른 직업, 성별, 종교, 정치적 갈등과 경기 침체라는 압력에 직면해 있습니다. 그러나 이들 압력은 사실상 동일한 근본 원인에서 비롯된 것입니다. 바로 자기 자신의 아이덴티티 결여와 초월적인 것에 대한 지나친 의존입니다. 이를 극복하기 위해서는 새로운 시대정신에 걸맞은 해결책이 필요합니다.

모든 혁명적 운동은 사상적 근원이 없으면 불가능했습니다. 과거에는 이러한 사상이 인문학적 기반에 뿌리를 두고 있었으나, 오늘날에는 삶과 밀접하게 연관된 민중의 경제적 이해관계 없이는 그 어떤 것도 이루어질 수 없습니다. 과거 인문학이 소프트파워의 근원이었다면, 오늘날에는 IT(정보통신기술), 즉 현재 흔히 일컫는 소프트웨어가 필수적으로 요구되는 시대입니다.

이 인문학과 IT, 그리고 사람들의 경제적 이해관계를 관통하면서 등장한 것이 바로 블록체인 기반의 탈중앙화 암호화폐입니다. 암호화폐는 이 시대에 고질적으로 산적해 있는 문제를 해결할 중요한 열쇠가 될 것이라고 저는 믿습니다. 현실적 삶에 기반한 인간 자신의 아이덴티티를 보존하기 위해서는 암호화폐가 필수적이며, 그 암호화폐는 철저히 민중에 기반한 탈권위적 성격을 가져야 합니다.

우리가 서로의 손을 잡고, 위를 향한 뻗음이 아닌 양옆을 향한 뻗음으로 나아가는 것이 중요합니다. 너와 나, 그리고 우리가 모두 함께 나아가는 과정에서 우리가 원하는 세상은 한쪽이 다른 쪽을 억압하는 것이 아니라, 서로의 차이를 존중하고 채워주는 세상이 되어야 합니다. 그렇게 서로의 좋음을 밝혀 주고 함께 동그라미를 그려나가는 세상이 진정 우리가 원하는 세상이 아닐까요?

이를 현실로 이루어 내기 위해서는 어렵고 복잡한 것을 해내는 것이 아니라 지금, 이 순간 나의 삶이 큰 원을 돌아가게 만드는 근원이라는 것을 깨달아야 합니다. 행복은 나 밖에 있는 것이 아니라, 나 자신 안에 내재해 있습니다. 적어도 삶의 행복에 있어서는 추상적이거나 모호한 관념을 넘어 구체적인 방안과 실천의 본을 제시해야 합니다. 파이(Pi) 소설체인 기반 화폐 혁명은 그 구체적인 방안과 방법을 제시할 수 있다고 믿기 때문에 이 책을 쓰게 되었습니다.

내가 세상에 있는 것과 없는 것은 세상에 엄청난 차이를 만듭니다. 우리는 모두 하나하나가 소중한 존재입니다. 이것이 바로 파이가 작동하는 원리이자 지향하는 목표입니다.

이 책을 쓰는데 옆에서 든든한 지원군이 되어 주고 용기를 북돋워 준 제 아내 세정과 딸 소희에게 고맙다는 말 전하고 싶습니다.

심현빈 드림.

Contents

Part 4. 웹3 선도주자 되기: 파이코인 314% 활용 방법

Part 5. AI가 개입된 사회에서 지니는 파이의 가치

Part 1.

왜 비트코인이 아닌 파이코인이어야 하는가?

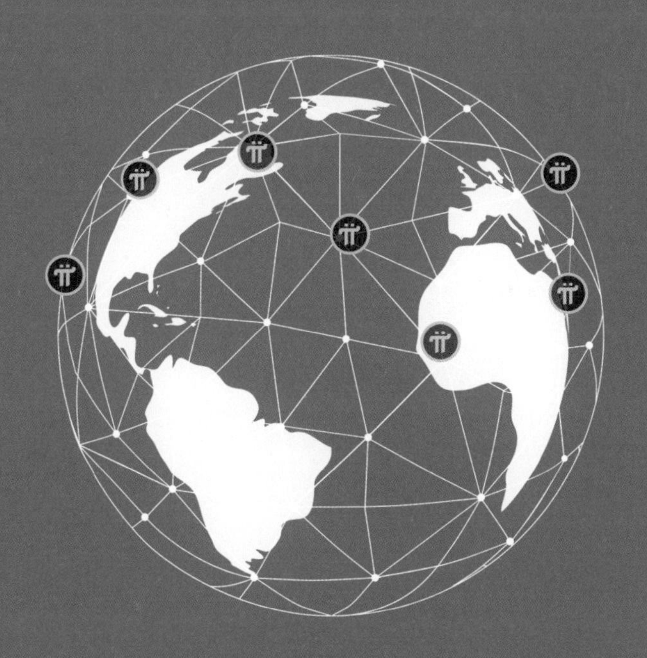

1-1

1,000만 원 비트코인, 지금은 얼마일까?

● 만일 2012년 목돈 1,000만 원으로 비트코인을 샀었더라면

2012년 11월 육군 중위로 막 제대한 나는 군 생활 동안 받았던 봉급 중 3,000만 원 정도는 부모님께 드렸었고, 그와는 별도로 저축했던 현금 1,000만 원이 있었다. 만약 2012년 11월 그때 당시로 돌아갈 수 있다면 그 돈으로 무엇을 하는 것이 가장 좋았을까?

만약 당신이라면 2012년으로 돌아갈 수 있고, 그때 당시 1,000만 원이라는 현금을 보유하고 있었다면 그 돈으로 무엇을 하겠는가?

깊이 생각할 필요도 없이 나는 그때 당시로 돌아갈 수 있다면 1,000만 원으로 전부 비트코인을 구매할 것이다.

만약, 그때 가지고 있던 현금 1,000만 원으로 비트코인에 투자했더라면 불과 12년 뒤인 지금은 그 1,000만 원이 1,000억이 되어 있을 것이다.

그때 당시에 언론사, 투자 전문가를 비롯해 대부분의 사람은 비트코인에 대해서 부정적이었다. 그러나 지금은 어떤가?

• 비트코인에 대한 당신의 현재 인식과 미래 전망을 적어 보자.

____
____
____
날 짜: 년 월 일

과거에 비트코인에 대해 부정적인 입장이었던 사람들만 있었던 것은 아니다. 그중 칠레 출신의 투자자 다빈치 제레미(Davinci Jeremie)는 2013년에 자신의 유튜브 채널에서 다음과 같이 이야기한 바 있다.

"제발 비트코인 천 원어치만 사서 지갑에 넣어 둬."

그는 이 유튜브 영상에서 "1달러(약 천 원)를 지출한다고 해서 당신에게 크게 해가 될 것은 없다. 그러나, 나는 이 1달러가 향후 100만 달러 가치가 있을 것으로 생각한다. 1달러면 100만 사토시를 살 수 있다. 지금은 아무렇지 않게 지출할 수 있는 1달러로 비트코인을 사서 주머니에 넣고 잊고 지내다가 나중에 그것으로 인해 당신이 백만장자가 된다면 좋지 않겠냐. 그러나, 이 영상을 보고 있는 여러분들 중 90%는 1달러라 할지라도 비트코인을 사지 않을 것을 알고 있다."라고 이야기한 바 있다. 실제로 그때 당시에 그의 말을 믿는 사람은 많지 않았다.

2013년에 1달러 치만이라도 비트코인을 사라고 적극적으로 조언했던 다빈치 제레미

2013년에 다빈치 제레미가 제발 비트코인 1달러 치만이라도 사 놓으라고 조언했던 유튜브 동영상 캡처 사진. 위 동영상은 아래 출처 링크에서 볼 수 있다. 현재 그는 비트코인 등 암호 화폐에 대한 강연을 다니며 유튜브 채널을 운영하고 있다.

출처: 다빈치 제레미(Davinci Jeremie) 유튜브 채널(https://www.youtube.com/@davincij15)

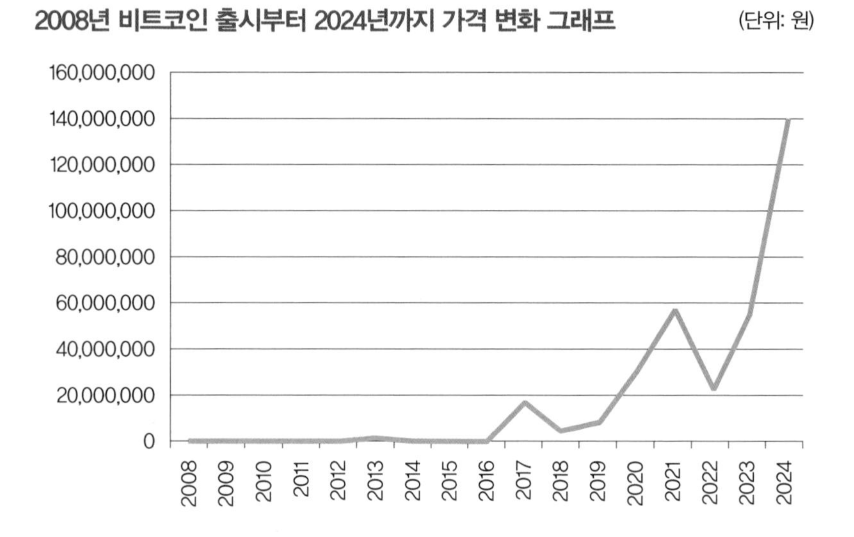

"피자 한 판이 1조 4천억이라면 믿어지시나요?"

비트코인 커뮤니티에서 활발히 활동했던 프로그래머였던 라스즐로 핸예츠(Laszlo Hanyecz)는 비트코인이 실제로 생활에서 화폐처럼 사용할 수 있는지를 실험해 보고 싶었다. 당시에 비트코인은 주로 개발자와 소수의 기술 애호가 사이에서만 사용되었고, 실물 거래 사례는 거의 없었다.

라스즐로는 비트코인 토크(Bitcoin talk) 포럼에 2010년 5월 18일 "비트코인으로 피자를 사고 싶다. 1만 비트코인(BTC)을 지불할 테니, 누군가 대신 피자를 주문해 달라."는 글을 올렸다. 그때 당시에는 값싸고 쉽게 채굴할 수 있었던 비트코인으로 피자를 두 판이나 보내는 것에 대해 선뜻 나서는 사람은 많지 않았다.

글을 올린 지 나흘이 지난 5월 22일에 되어서야 포럼의 한 청년이 그의 제안을 받아들여 거래가 성사되었다. 이 청년은 파파존스 피자 두 판을 주문하고 라스즐로에게 배달되도록 하였으며 그 대가로 1만 비트코인을 받았다.

그럼, 그때 파파존스 피자 두 판을 살 때 사용했던 비트코인 1만 개의 가치는 현재 얼마일까? 2024년 말 기준으로는 약 1조 4천억이다. 참고로 그때 피자를 주고 비트코인 1만 개를 받았던 청년은 비트코인 1만 개를 400달러(한화 약 55만 원) 정도에 소진했다고 한다.

이 거래는 비트코인이 실물 거래에 사용된 최초의 사례로 기록되었고, 이후 비트코인과 암호화폐 역사에서 중요한 사건으로 여겨지게 된다. 매년 5월 22일 비트코인 커뮤니티에서는 이를 기념하기 위해 피자를 먹거나 관련 행사를 개최하기도 한다.

이 사건은 비트코인이 초창기에는 가치가 낮았었다는 것을 보여 주지만, 당장은 주목받지 못하는 실물 자체가 없는 가상자산이라고 할지라도 실생활에 유용하게 쓰일 수 있다면 급격하게 성장할 수 있음을 보여 주는 사례라고 할 수 있다.

● 이더리움을 시작으로 점점 더 쓰임이 많아지는 알트코인들

비트코인의 급격한 부상은 비트코인과는 또 다른 암호화폐를 탄생시켰다. 비트코인이 아닌 다른 암호화폐를 일컬어 '알트코인'이라고 부른다. 알트코인의 시초는 이더리움(ETH, Ethereum)이다. 이더리움은 블록체인의 활용 범위를 크게 확장했다. 단순 거래뿐만 아니라, 탈중앙화 금융(DeFi), 대체 불가능 토큰(NFT), 탈중앙화 자율 조직(DAO) 등 이더리움으로 인해 다양한 혁신적인 블록체인 기반 앱들이 등장하였다. 이 블록체인 기반 앱을 탈중앙화 앱(Dapp, Decentralized Application)이라고 부른다. 이더리움은 그 확장성이 늘어나면서 블록체인을 활용한 생태계의 주요 플랫폼으로 자리 잡았다.

2015년 이더리움 출시부터 2024년까지 가격 변화 그래프 (단위: 원)

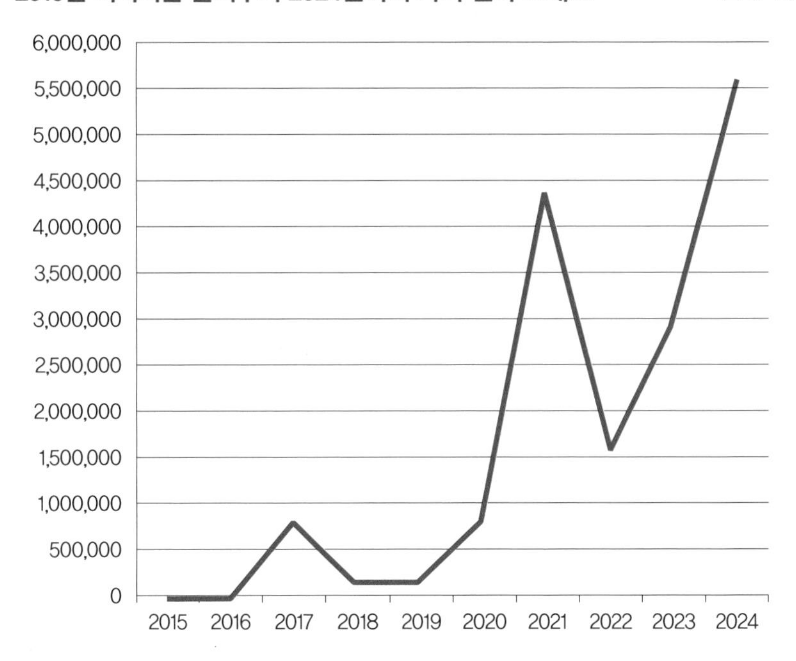

이더리움은 초기부터 그 혁신적인 개념과 가능성 때문에 투자자들 사이에서 주목받았으나 가격은 2015년 출시 당시에 한국 돈으로 1,000원 정도에 불과하였다. 그러나 점점 더 그 쓰임과 용도가 늘어나면서 2024년 말 기준으로 불과 10년도 되지 않아 가격이 5,000배(10년 전 대비 500,000%) 이상 올랐다. 만약 이더리움을 2015년에 1,000만 원어치 구매하고 2024년 말까지 보유하고 있었다고 한다면 500억 이상이 되었을 것이다. 비트코인을 설사 놓쳤다 할지라도 암호화폐로 건물주가 될 수 있는 두 번째 기회가 있었던 셈이다.

비트코인을 창시한 후 사라졌던 사토시 나카모토와는 달리 이더리움의 창시자 비탈릭 부테린은 현재까지도 이더리움 및 블록체인 기술의 발전을 위해 지속적으로 노력하고 있다. 이더리움의 전망은 어떨까?

- 이더리움에 대한 당신의 현재 인식과 미래 전망을 적어 보자.

____
____
____
날 짜: 년 월 일

마치 우주의 빅뱅 이후 수많은 별이 탄생했던 것처럼 다양한 종류의 암호화폐가 계속해서 개발되고 있다. 비트코인과 이더리움이 아닌 다른 암호화폐 역시 비트코인 및 이더리움처럼 엄청난 가격 상승을 보였을까?

실물도 없고 가상자산에 불과하지만, 꾸준히 발전하여 사람들로부터 널리 받아들여진 코인들은 지금 어떻게 되었을까?

주요 알트코인의 사전 판매가 대비 가격 상승률 - 2024년 11월 기준

구분	카르다노(에이다)	솔라나	아발란체
심볼			
사전 판매 기간	2015년 11월 ~ 2017년 2월	2018년 3월 ~ 2020년 3월	2019년 2월 ~ 2021년 6월
사전 판매 가격	약 3원	약 250원	약 620원
사전 공급 수량	약 298억 개 (현재 유통량의 85%)	약 1억 8천만 개 (현재 유통량의 38%)	약 4억 개 (현재 유통량의 100%)
가격 (2024년 11월)	약 1,270원	약 360,000원	약 54,000원
유통량 (2024년 11월)	약 350억 개	약 4억 7천만 개	약 4억 개
가격 상승률	사전 판매가 대비 420배 (42,000%) ↑	사전 판매가 대비 1,440배 (140,000%) ↑	사전 판매가 대비 87배 (8,700%) ↑

2024년 가격 출처: 코인마켓캡(coinmarketcap.com)

사전 판매 가격 출처: 코인게코(coingecko.com)

위 표에서 보는 것처럼 일찍 업계의 자리를 선점하고 꾸준히 발전하여 성공을 거둔 코인들은 수십, 수백 배 가격 상승의 성과를 거두었다. 반대로 경쟁에서 이기지 못한 코인들은 가격이 수백분의 일로 증발했다. 당신이 만약 코인에 관심을 가졌다면 코인을 바라보는 안목과 급격히 요동치는 가격에도 흔들리지 않는 담대함을 길러야 할 것이다.

그러나 코인을 보는 안목, 담대한 마음을 기르지 않고도 누구나 쉽게 접근할 수 있는 코인이 있다. 바로 파이코인(Pi coin)이다. 파이코인은 위 표에서 언급한 에이다, 솔라나, 아발란체처럼 어느 정도 성장하여 시가총액 상위에 자리 잡은 코인들과 비슷한 시기에 출시되어 꾸준히 발전해 왔다. 그러나 다른 코인과는 완전히 차별화된 방향으로 발전했다.

1-2

암호화폐의 성장과 그 이면에 있는 그림자

● 스마트폰 시대에 탄생한 비트코인은 무엇이 달랐을까?

비트코인은 스마트폰 시대 이전에 출시되었다. 비트코인은 은행과 같은 중개 기관을 거치지 않고도 개인끼리 주고받을 수 있는 대중성 있는 디지털 화폐를 만들고자 했다. 그러나 비트코인이 출시된 2009년 당시에는 미국의 스마트폰 보급률이 20%도 채 되지 않았을 때였다. PC를 사용할 여건이 안 되는 사람들은 사용할 수 없는 디지털 화폐였다.

미국의 스마트폰 보급률과 주요 암호화폐 출시 연도

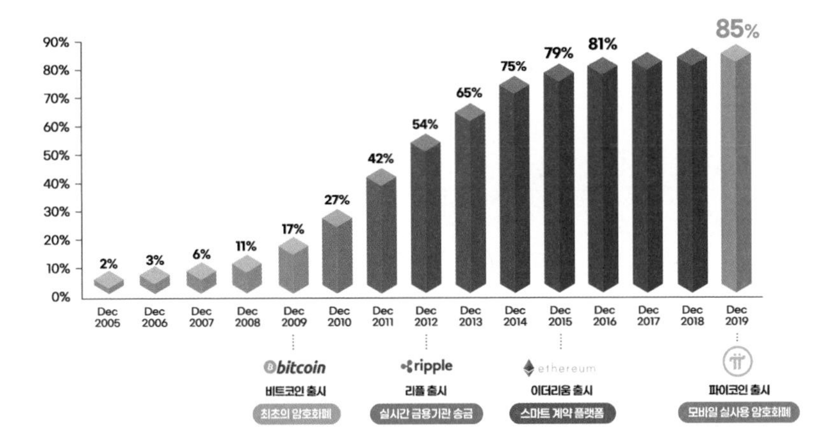

출처: 컴스코어 (https://www.comscore.com/Insights/Blog/US-Smartphone-Penetration-Surpassed-80-Percent-in-2016)

온라인 쇼핑 사업이 성공하기 위해서는 컴퓨터와 인터넷 보급이 필요했던 것처럼, 비트코인도 스마트폰의 보급이 선행되었더라면 지금보다 더 디지털 화폐의 역할로서 대중화되었을 가능성이 크다. 선행 기술 없이 시장에 진출한 비트코인은 대중성을 갖추기 전에 투기적 자산으로 자리 잡아버렸다.

스마트폰이 대중화된 상태에서 비트코인이 등장했다면 어떤 모습이었을까? 당신의 생각을 적어 보자.

• 채굴은 어떻게 했을까?

날 짜:　　　　년　　월　　일

• 어떤 기능들을 갖추고 있었을까?

날 짜:　　　　년　　월　　일

물론 지금은 비트코인 생태계가 발전하여 모바일로도 코인을 보관하고 전송할 수 있다. 그러나, 비트코인이 조금 더 일찍 스마트폰이 대중화된 상태에서 출시되었더라면 더욱 다양한 방식으로 발전했을지도 모른다.

● 팬데믹과 디지털 화폐의 부상

만약에 내가 미래를 내다보는 선견지명을 가진 암호화폐 개발자였고 암호화폐 개발의 목적이 대중성에 있었다면, 스마트폰이 충분히 보급되어 있고, 코로나 팬데믹이 불어닥치기 바로 전인 2019년도에 암호화폐를 출시했을 것이다. 이렇게 하면 디지털 결제 수단에 대한 수요가 급증하는 시점에 내가 만든 암호화폐와 그에 기반한 디지털 결제 서비스를 빠르게 대중화시킬 수 있기 때문이다.

실제로 팬데믹 당시 비대면 서비스 수요가 급증했다. 이때 한국에서 급부상한 서비스로는 배달 앱, 원격 미팅, 그리고 비대면 결제 시스템이었다.

암호화폐도 마찬가지로 팬데믹의 수혜를 입었다. 2019년도에 등장한 암호화폐로는 파이코인(PI), 알고랜드(ALGO), 헤데라(HBAR), 코스모스(ATOM), 비체인(VET), 체인링크(LINK), 아발란체(AVAX), 폴리곤(POL, 구 MATIC), 하모니(ONE), 페치(FET) 등이 있다.

코로나 팬데믹 당시 전년 대비 대면 및 비대면 결제 증감률

형태별 이용규모[1] 및 증감률[3]

(십억원, %)

2020.1~9월		접근(Access) 기기		
		실물 카드	모바일·PC 등[2]	총계
방식	대면	1,267 (-5.6)	143 (18.0)	1,409 (-3.7)
	비대면	-	833 (17.0)	833 (17.0)
	총계	1,267 (-5.6)	975 (17.2)	2,242 (3.1)

주: 1) 개인 및 법인 지급카드(국내 가맹점) 일평균 금액 기준(잠정치)
2) ARS, 생체인식 등 포함
3) ( )내는 전년동기대비 증감률

대면 및 비대면 분기별 결제[1] 증감률

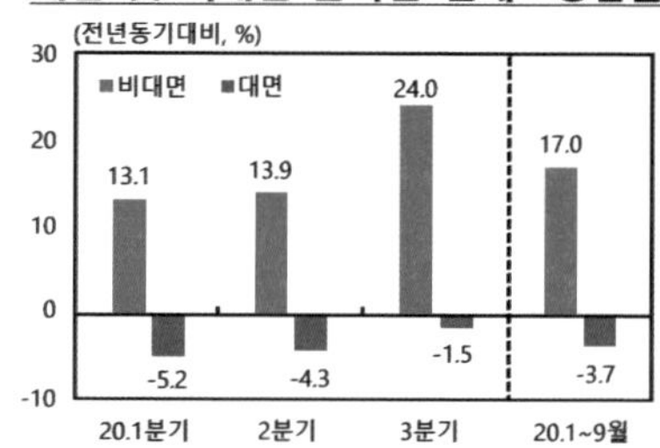

주: 1) 개인 및 법인 지급카드(국내 가맹점) 일평균 금액 기준(잠정치)

2019년 코로나 팬데믹 당시 국내 비대면 결제, 모바일을 통한 결제는 전년 대비 20% 가까이 증가한 반면, 실물 카드를 활용한 대면 결제는 -5.6% 감소하였다.

출처: 한국은행, 2020년 11월 3일 공보 2020-11-7호, 「지급결제 통계, 코로나19 확산 이후 최근 국내 지급결제 동향」

● 더 빠르고 편리해진 암호화폐, 그러나…….

비트코인과 이더리움의 잇따른 성공은 암호화폐의 폭발적인 성장을 견인했다. 그중에서도 괄목할 만한 성장을 보인 것은 디파이(DeFi)와 NFT(대체 불가능 토큰) 분야였다. 이는 더 빠르고 편리해진 지분증명(Proof of Stake, PoS) 방식[1]의 코인들이 등장함에 따라 더욱 가속화되었다. PoS 방식은 채굴 장비와 막대한 에너지가 필요한 기존의 작업증명(Proof of Work, PoW) 방식보다 에너지 효율성이 훨씬 더 높고, 거래 속도 역시 빠르다. 이는 암호화폐를 활용한 서비스의 접근성을 높여 암호화폐 시장의 새로운 트렌드로 자리 잡았다.

시가총액 상위 10개 암호화폐의 합의 방식 - 2024년 6월 기준

코인	비트코인	이더리움	BNB	솔라나	리플	톤코인	도지코인	에이다
합의 방식	PoW	PoS	DPoS	PoS	PoA[2]	DPoS	PoW	PoS

코인마켓캡 시가총액 상위 10개 중 5개가 지분증명(Proof of Stake, PoS) 방식의 코인이다.

출처: 코인마켓캡(https://coinmarketcap.com)

---

1) 지분증명(Proof of Stake, PoS) 방식은 암호화폐 네트워크의 합의 알고리즘 중 하나로, 코인을 소유한 양에 따라 블록을 생성할 권한을 부여하는 방식이다. PoS 방식은 기존 비트코인의 작업증명(Proof of Work, PoW) 방식과 달리 복잡한 수학 문제를 해결하는 과정이 필요 없으며, 에너지 소모를 대폭 줄일 수 있는 장점이 있다.

2) 권한증명(Proof of Authority, PoA) 방식은 선출된 검증자의 신원과 누적된 평판을 기반으로 블록을 생성할 권한을 부여하는 방식이다. 이 방식은 컴퓨팅 파워나, 코인 지분이 필요 없는 대신 검증자 노드의 누적된 평판, 즉 신뢰가 뒷받침되어야 한다. 리플은 초기에 신뢰할 수 있는 노드 리스트(UNL, Unique Node List)를 지정하여 거래를 검증하고 합의에 도달했다.

지분증명 방식 코인의 등장은 코인에 대한 투자를 부추기고 블록체인을 활용한 다양한 실험과 성장을 가능하게 했다. 그러나 이러한 성장은 건전한 방식으로 발전한 것이 아니라, 오히려 투기를 부추기는 쪽으로 발전했다는 비판도 받았다.

예를 들어, 디파이 프로젝트들은 높은 코인 예치 수익률을 내세우며 수많은 투자자를 끌어모았다. 하지만, 이 중 대부분이 제대로 된 검증도 없이 출시되어 지속적으로 성장하지 못하고 결국엔 무너지는 경우가 많았다. 이러한 코인에 투자한 사람들은 큰 손실을 볼 수밖에 없었다. 일부 프로젝트는 고의적인 사기성 운영을 통해 투자자들의 자금을 탈취하는 사례도 빈번하게 발생했다.

2021년 탈중앙화 금융 중 하나인 앵커 프로토콜의 연 20%의 이자율은 당시엔 파격적인 혜택의 금융 서비스였다. 이러한 파격적인 혜택의 금융 서비스는 1년도 채 되지 않아 예치금 규모가 약 140억 달러(한화 약 14조 원) 규모로 성장했다. 앵커 프로토콜에서 중요한 역할을 담당했던 루나 코인(LUNA, 현재 LUNC) 역시 2020년 가격이 166원 정도였던 것이 2022년 16만 원 정도로 900배 이상 상승[3]하였다.

---

3) 출처: 한국블록체인협회, 2022, 윤태완, 「루나 테라 사태 보고서」

그러나, 그 성장도 잠시, 예치금과 그것의 흐름으로 유지되던 탈중앙화 금융 서비스는 통제되지 않은 예치금의 움직임에 취약할 수밖에 없었다. 찰나의 순간 거대한 자본이 움직이자 앵커 프로토콜에도 균열이 가기 시작했다. 예치 시 사용되는 달러와 같은 가격으로 고정인 줄 알았던 TerraUSD의 환율이 0.69달러 이하로 갑자기 급락하자 앵커 프로토콜의 예치금도 급격히 뱅크런[4]이 일어나면서 썰물처럼 빠지기 시작했다. 이때 10만 원대의 루나 코인의 가격은 불과 일주일 만에 100원대로 급락했다. 앵커 프로토콜과 루나 코인에 투자했던 투자자들은 일주일 만에 투자한 자금의 99.9%를 날린 셈이었다.

'앵커 프로토콜'에 예치된 TerraUSD의 환율 폭락 사태 발생

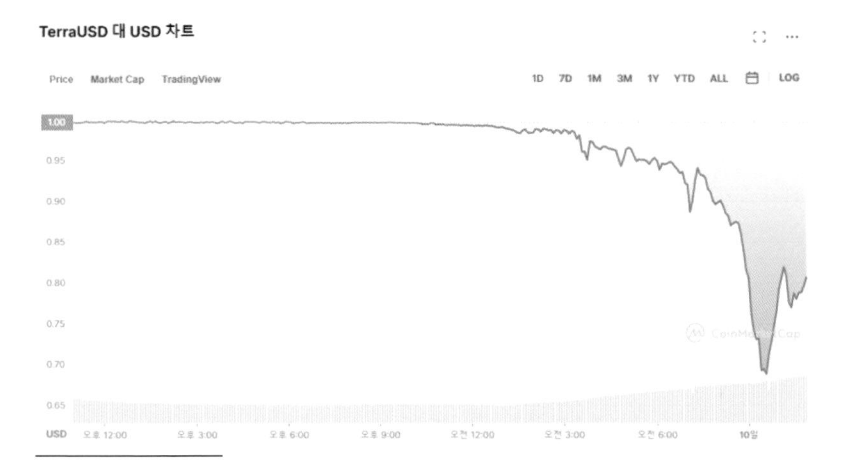

4) 금융 서비스를 이용하는 고객들이 예금을 한꺼번에 대량으로 인출하려고 몰리는 상황을 말한다. 이러한 상황이 발생하면 금융기관은 보유하고 있는 현금이 부족해져 파산 위험에 처할 수 있다.

출처: 토큰포스트(https://www.tokenpost.kr/article-93079?p_ref=S4V3mA), 코인마켓캡

TerraUSD 환율 폭락 당시 루나 코인 가격

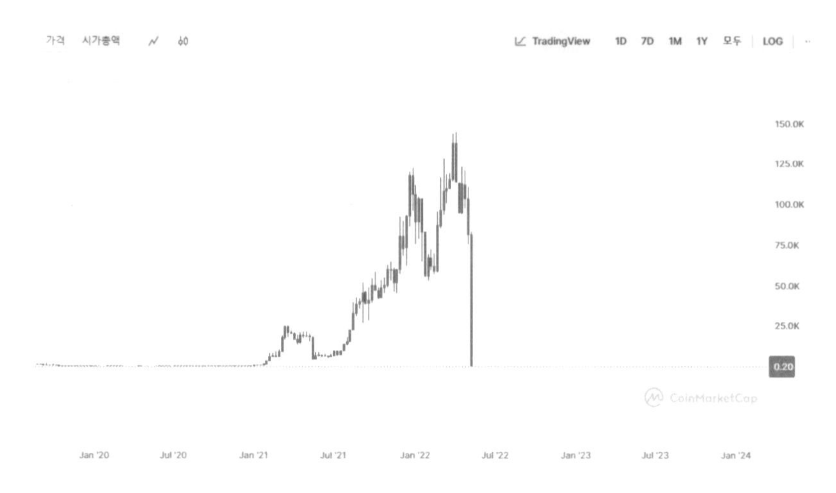

출처: 코인마켓캡(https://coinmarketcap.com)

예치를 기반으로 한 탈중앙화 금융 시스템에서는 더 많은 코인을 보유한 사람이 이에 따른 보상도 더 많이 받는다. 따라서, 초기에 자본을 많이 투자한 투자자들은 더 많은 보상을 받을 수 있기 때문에 해당 코인 및 그에 기반한 탈중앙화 금융 서비스가 출시할 당시에 더 많은 코인을 확보하려는 투기적 행동을 사람들에게 유발할 수 있다.

또한, 코인의 예치를 통해 쉽게 이익을 얻을 수 있기 때문에 장기적인 프로젝트의 성공이나 코인의 실생활 활용보다는 투자 이익을 추구하게 만든다. 무엇보다도 코인 지분을 많이 가지고 있는 예치자는 시간이 지날수

록 더 많은 예치금을 보유하게 되며 이를 갑자기 해제할 경우, 네트워크 안정성 및 가격에 상당한 영향을 미칠 수 있다는 치명적인 약점이 있다.

이러한 이유로 최근에는 위임지분증명(Delegated Proof of Stake, DPoS)과 같은 시스템이 변형된 대안으로 널리 사용되고 있다. 이것은 소액 코인 보유자가 자신들의 지분을 특정 대표자에게 위임하여 예치하는 방식이다. 이를 통해 소수의 대형 보유자에게 자본과 권한이 집중되는 것을 완화하여 안정성과 효율성을 증대시키는 것이다.

그러나 이 방식에서 충분한 정보가 없는 사용자들은 인기 있는 대표자를 우선 선택할 가능성이 높다.[5] 이는 결국 소수의 대표자에게 코인이 집중되는 결과를 낳는다. 소수의 대표자가 지속적으로 보상을 축적하게 되면 네트워크 내 자산 불평등을 초래할 수 있다는 문제점이 여전히 존재한다. DPoS를 사용하는 코인들로는 바이낸스 코인(BNB), 톤코인(TON), 트론(TRX), 코스모스(ATOM), 코어(CORE) 등이 있다.

---

5) 마치 리뷰나 평점이 높은 상품에 고객이 몰리는 것과 같다.

1-3

파이코인, 암호화폐계의 두 가지 혁신

● 채굴 방식의 혁신

초창기 비트코인은 컴퓨터를 활용해 누구나 채굴할 수 있었다. 그러나, 지금은 비트코인의 채굴 난이도가 너무 높아져서 일반 개인 컴퓨터로는 채굴할 수 없다. 만약, 채굴한다 해도 채굴 수익보다 전기료가 훨씬 더 많이 발생한다. 이러한 이유로 현재는 많은 사람들이 비트코인을 얻기 위해 채굴하는 대신 거래소에서 구매하거나 투자 서비스를 이용한다. 결국 비트코인도 많은 자본을 가진 사람일수록 더 많이 소유하는 형태로 변모하였다. 비트코인은 탈중앙화를 추구했던 초기 목표에서 벗어나 점차 중앙집중화된 자산이 되어 가고 있다. 채굴 방식에 있어서나 그 분배에 있어서나 많은 자본을 가진 사람들에게 유리한 생태계를 가진 코인이 되어 가고 있다.

이더리움, 솔라나 등은 어떤가? 이더리움을 비롯한 유사 코인들은 빠르게 수요자들의 입맛에 맞게 진화해 나갔다. 이들 코인은 채굴이라는 자원 소모적이고 에너지 집약적인 방식을 채택하는 대신, 실용적이면서 투자자들로부터 빠른 지원을 받을 수 있는 지분증명(PoS, Proof of Stake) 메커니즘을 선택하였다. 이들은 막대한 연산 에너지를 소모하는 대신 사용자가 자신이 보유한 코인 지분을 네트워크에 예치함으로써 시스템 운영에 참여하도록 유도한다. 이 시스템의 검증자는 예치된 코인 지분을 안정적으로 유지하고 공정한 역할을 잘 수행하면 경제적인 인센티브를 받는다. 하지만 검증자가 부정한 행위를 하고 그것이 적발되면 자신의 지분 및 지위를 잃을 수 있다.

지분증명 방식의 코인들은 막대한 투자를 바탕으로 높은 확장성을 달성하면서 빠르게 발전하였다. 그러나, 이 방식에는 구조적인 문제점이 있다. 지분이 많은 소수의 검증자가 네트워크 전체에 부정적인 영향을 끼칠 가능성이 있으며, 악의적 공격자의 집중 목표물이 될 수 있기 때문이다. 그뿐만 아니라 지분증명 방식의 대표적 서비스인 디파이(Defi)[6]의 경우, 거대 자본에 의해 스테이킹 프로토콜이 공격받을 경우, 심각한 피해를 볼 수

---

6) 디파이(DeFi, Decentralized Finance)는 중앙 기관 없이 블록체인 기술을 활용해 분산된 방식으로 금융 서비스를 제공하는 것을 말한다. 디파이는 금융기관을 통하지 않고도 스마트 계약과 분산원장 기술을 통해 금융 서비스 이용을 가능하게 한다. 대표적인 디파이 애플리케이션으로는 탈중앙화 거래소(DEX), 예치 및 대출 플랫폼, NFT 마켓, 예측 시장 등이 있다.

있다는 단점도 있다. 실제로 테라, 루나 사태와 같은 사례들이 이를 입증하고 있다. 따라서 지분증명 방식의 코인들은 구조적인 취약점을 가지고 있으며 이를 보완할 수 있는 대안적인 합의 메커니즘이 필요하다.

리플(XRP)이나, 스텔라(XLM)와 같은 암호화폐는 별개의 독특한 합의 알고리즘을 사용한다. 이들은 자본을 예치하는 것이 아니라, 참여자들 간의 '신뢰'를 기반으로 네트워크의 합의를 이루어 나가는 방식을 사용한다. 이들은 컴퓨터 연산이나 코인의 스테이킹이 없이도 신뢰하는 노드를 직접 지정하고, 이를 기반으로 한 그룹 단위의 노드를 통해 네트워크 규모가 커지더라도 빠르게 합의에 도달할 수 있도록 한다. 이러한 이유로 에너지 효율적이면서 채굴이나 코인 예치 없이도 성능이 우수한 코인을 개발하는 데 활용될 수 있다. 하지만, 리플(XRP)과 스텔라(XLM)와 같은 신뢰 기반 합의 알고리즘은 초기 스테이커와 투자자들로부터 막대하고 꾸준한 재정적 지원을 받는 지분증명 방식의 코인들에 비해 확장성이 다소 떨어진다는 단점이 있다.

신뢰 알고리즘 기반 코인들의 또 다른 약점은 성능 면에서 지분증명 코인들과 별 차이가 나지 않는 데 비해, 탈중앙화(분산화)에 있어서도 앞서 나가지 못한다는 데 있다. 리플(XRP)의 경우, 노드 선정이 리플 재단에 의해 통제되어 중앙화된 구조를 벗어나지 못하고 있다. 리플 재단이 지정한 유효 노드들만이 거래 검증에 참여할 수 있으며, 이들 노드의 대부분이 리플 재단과 밀접한 관계가 있기 때문이다. 스텔라(XLM)의 경우에도 스텔라 네트워크의 핵심인 앵커 노드는 스텔라 재단이 선별하여 지정한 것으로, 주요 은행, 결제 서비스 업체, 거래소 등의 핀테크 기업들로 구성되어 있다. 스텔라 역시 이렇듯 기존 금융기관들이 주도하는 구조를 기반으로 하고 있어, 초기 비트코인이 추구했던 탈중앙화와는 거리가 먼 코인이라고 볼 수 있다.

파이코인(PI)은 스텔라(XLM)가 사용하는 SCP[7] 합의 알고리즘을 개량(일명 하드포크)하여 사용한다. 하지만, 파이는 스텔라의 것에서 작은 개량으로 큰 차이를 만들어 내는 데 성공했다. 노드를 전 세계 개인 사용자가 누구나 쉽게 참여하여 운영할 수 있도록 한 것이다. 이를 위해 파이코인은 커뮤니티 규모를 일정 규모 이상 늘리는 것이 필요해졌다. 그래서 탄생한 것이 모바일과 개인 PC를 통한 사용자의 다양한 기여 방식에 따른 코인 분배이다. 이러한 인센티브 시스템은 성공을 거두어 2024년 6월 기준 파이코인은 6,000만 명 이상의 활성 모바일 앱 사용자와 30만 명 이상의 노드 운영자를 확보하고 있으며 지금도 꾸준히 늘어나는 추세이다.

---

7) SCP(Stellar Consensus Protocol)란 컴퓨터 연산이나 코인의 예치 없이도 각 참여자가 신뢰하는 노드를 직접 지정하고, 이를 기반으로 한 그룹 단위의 노드를 통해 네트워크 규모가 커지더라도 빠르게 합의에 도달할 수 있도록 설계된 블록체인 합의 알고리즘이다. 이 프로토콜은 스탠포드대학교의 데이비드 마지어스(David Mazieres) 교수에 의해 개발되었다. SCP를 사용하는 대표적인 코인으로 스텔라(XLM)가 있으며, 파이(PI)는 이 합의 알고리즘을 응용 및 개선하여 활용한다.

파이 네트워크 모바일 앱, 브라우저, PC 노드 화면

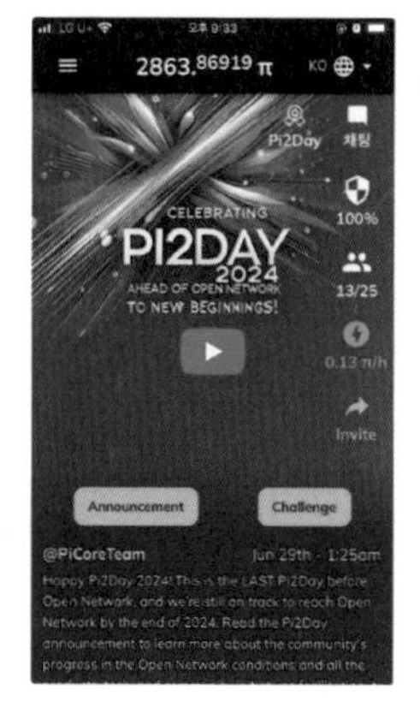

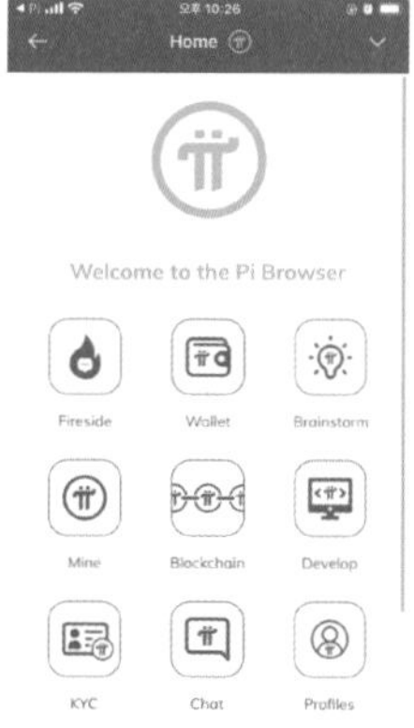

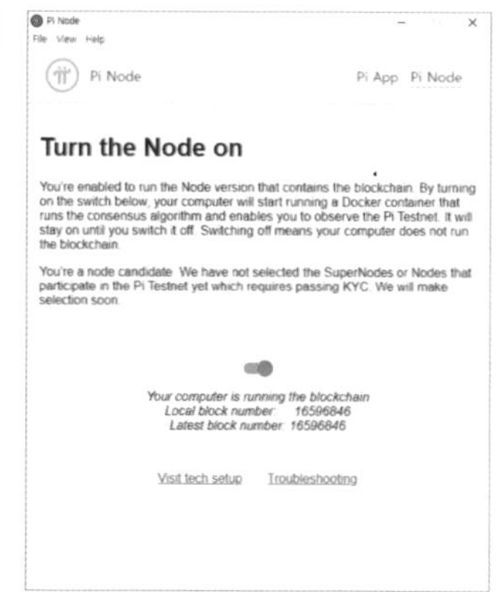

파이코인을 획득할 때 필요한 주요 기여 방식

기여 방식	설명
번개 버튼 터치	24시간마다 모바일 인터페이스상에 있는 번개 모양 아이콘을 터치함으로써 인간 존재 증명을 수행하는 것이다. 번개 아이콘을 24시간마다 터치하면 세션이 유지되어 있는 동안에는 시간당 기여도에 따른 파이(PI)를 지속적으로 받는다. 이 존재 증명 행위의 반복은 365일 누적되고 파이 블록체인의 보안을 강화하는 데 사용된다. 특히, 제3자가 보안 써클에 나를 추가할 때 신뢰도를 정하기 위한 중요 지표로 활용된다.
보안 써클	중앙 기관 없이 탈중앙화된 형태로 보안을 강화하기 위해 파이코인은 SCP 합의 알고리즘을 개량한 자체 신뢰 그래프 알고리즘을 사용한다. 이 알고리즘을 구성하는 데 필요한 기초 정보인 사람이 직접 시정한 소규모 신뢰하는 사용자 집합 정보를 제공하는 것을 보안 써클이라고 일컫는다. 최소 5명 이상을 제출해야 온전한 보상을 얻는다. 보안 써클에 아무도 지정하지 않으면 절반의 보상만 얻을 수 있다.
추천인 보상	파이코인은 사용자를 늘리는 데 추천 인센티브 방식을 선택했다. 누군가가 파이코인에 대한 정보를 전달받을 때 오로지 인터넷이 되는 스마트폰만 소지하고 있으면 된다. 이러한 이유로 파이코인은 미국이나 유럽과 같은 국가 외에도 아프리카, 동남아시아와 같은 상대적으로 IT 인프라가 열악한 지역에까지 널리 확산할 수 있었다. 파이코인은 나를 통해 앱을 설치하고 사용하는 사람이 많아질수록 시간당 올라가는 코인 보상률도 높아진다.

노드 운영 Node	파이코인의 노드(Node)는 개인 PC를 통해 운영된다. 그러나 노드만 운영한다고 해서 코인 보상을 얻는 것은 아니며, 모바일 앱을 통한 24시간 터치를 수행해야 보상받을 수 있다. 노드를 운영하면 노드 가동 기간과 가동률 등에 따라 노드 점수가 할당되며 노드 점수가 높을수록 앱 버튼 터치 시 시간당 올라가는 보상률도 올라가게 된다.
유틸리티 개발 & 운영 & 사용 <π>	파이코인은 주기적인 해커톤 행사를 개최해 파이코인 생태계의 디앱 개발을 장려해 왔다. 여기서 주목할 점은 파이코인은 폐쇄형 메인넷이라는 특수한 기간에 이러한 디앱들이 상당수 개발되어 왔다는 것이다. 이러한 이유로 파이코인은 타 코인들보다 디앱의 수는 적지만 외적 인센티브만을 추구하는 것이 아닌 내적 동기를 가지는 다양한 디앱들이 개발되어 운영 중이다. 개발자들은 해커톤에 참여하고 디앱을 운영함으로써 코인을 얻을 수 있으며, 사용자들도 개발된 디앱을 사용함으로써 코인 보상률을 높일 수 있다.
락업	보상으로 획득한 앱 화면상의 파이코인 숫자는 가상의 점수와 같다. 실제 사용 가능한 코인으로 이전되어 암호화폐 지갑으로 옮겨졌을 때 비로소 그 코인은 사용할 수 있는 코인이 된다. 그리고 사용할 수 있는 코인을 다시 일정 기간 사용하지 못하는 상태로 잠그게 되면 시간당 코인 보상률이 다시 올라가게 된다. 이렇게 함으로써 생태계 내에서 코인의 희소성과 공급량을 자발적으로 억제하여 사용처가 아직 충분히 성장하지 않았을 때 코인의 인플레이션이 오는 것을 방지하는 효과를 기대할 수 있게 된다.

파이 네트워크와 주요 암호화폐 유형별 기능 비교표

지표	비트코인 등 작업증명 (PoW) 방식	이더리움, 솔라나 등 지분증명 (PoS) 방식	파이 네트워크 SCP 포크 방식
친환경	낮음 • 막대한 전력 소비 • 탄소 배출량 증가	높음 • 작업증명 대비 전력 소비 개선	매우 높음 • 전력 소비 매우 적음
탈중앙화 (분산화)	높음 • 초창기 일반인 참여자에게 채굴 기회 부여 • 현재는 채굴에 고성능 장비와 유지 능력 필요 (시설, 전기 등)	낮음 • 보유한 코인 양에 따라 블록 생성 및 보상 기회 부여 • 예치 자본에 따라 노드 영향력 결정, 거대 자본 취약점 존재	매우 높음 • 일반인에 의한 노드 참여 기회 부여 • 전 세계 30만 개 이상의 일반인 컴퓨터 노드 보유 (CPU 100만 개 이상)

보안	**중간** • 해킹에 엄청난 연산력의 컴퓨팅 파워 필요 • 그러나, 고성능 차세대 컴퓨터(예: 양자 컴퓨터)에 의한 공격에 취약할 가능성 있음. • 약 15년간 약 ~3억 명에 사용자에 의해 테스트 됨. 사고 사례 있음.	**중간** • 거대 자본에 의한 스테이킹 프로토콜 & 거버넌스 공격에 취약 • 고성능 컴퓨터를 활용한 부정거래, 디도스(DDos) 공격[8] 위험성 높음 • 약 12년간 약 ~1억 명의 사용자 의해 테스트 됨. 사고 사례 가장 많음.	**높음** • 코인 지분에 영향을 받지 않음. • 넓은 분산화로 인해 일부 노드가 공격받더라도 위험이 덜함. • AI와 인간 검증을 활용한 자체 신원인증 시스템 보유 • 약 6년간 ~6천만 명에 의해 테스트 됨. 사고 사례 없음.
속도	**느림** • 2024년 비트코인 초당 7건 거래 처리 • 거래 처리 시간 20~60분 • 빠른 거래 시간 위해 확장 솔루션 필요	**빠름** • 2024년 솔라나 기준 초당 평균 2,200건 거래 처리[9], 최대 65,000건 처리(테스트 수치) • 거래 처리 시간 5~20초[10]	**빠름** • 초당 200(한도 설정) ~ 2,000건 거래 처리, 노드 수가 늘어남에 따라 한도 확장 가능[11] • 거래 처리 시간 5초 미만[12]
확장성	**낮음** • 비트코인만으로는 초당 거래 처리량이 제한되어 있음. • 다양한 확장 솔루션이 등장하였으나 기술적, 경제적, 탈중앙화 및 보안 훼손 우려 때문에 완전한 해결책이 되지 못하고 있음.	**높음** • 지분증명(PoS) 방식, 병렬 처리 기술, 레이어2 솔루션 등을 도입하여 고성능 블록체인 구현 • 이더리움을 중심으로 인터체인 기술을 도입하여 블록체인 간 공동 생태계 구축이 가능하게 함.	**보류, 잠재력 매우 높음** • 파이코인은 폐쇄형 메인넷 기간을 통해 세계 최대의 코인 실물 경제 생태계를 구축하고 있으며, 소로반이 도입되면 성능과 보안이 크게 향상되고 다른 블록체인과의 호환성도 갖추게 됨.

8) 디도스 공격(Distributed Denial of Service Attack)은 여러 대의 컴퓨터를 이용하여 특정 서버, 서비스 또는 네트워크에 과도한 트래픽을 유발함으로써 정상적인 기능을 방해하거나 중단시키는 사이버 공격을 말한다.
9) 출처: 인베스팅닷컴(https://kr.investing.com/news/cryptocurrency-news/article-1118930)
10) 출처: 블록체인 이야기꾼 티스토리(https://lsplayq.tistory.com/499)
11) 출처: 파이 네트워크 백서(https://minepi.com/white-paper/#mainnet-chapters)
12) 출처: 나무위키 'Pi Network' (https://namu.wiki/w/Pi%20Network)

● 실제 사용 기반 생태계 구축

비트코인과 이더리움은 '투자자' 기반으로 생태계가 성장하였다. 비트코인은 실물 거래에 사용되기보다는 디지털 금과 같은 역할을 수행하며 가치 저장 수단으로 자리 잡았다.

이더리움은 스마트 계약 기능을 통해 탈중앙화 금융(DeFi) 애플리케이션의 중심축이 되었다.

반면, 파이코인은 '사용자' 기반으로 생태계가 성장하였다는 점에서 확실히 다른 방향으로 발전해 왔다. 파이코인은 초기 단계부터 일반 사용자들이 쉽게 접근할 수 있는 모바일 환경을 제공하였으며, 폐쇄형 메인넷을 통해 기존 금융 시스템이 침입하지 못하게 막음으로써 철저하게 블록체인 디지털 자산만으로 경제 생태계가 발전하고 돌아가는 실험을 가능케 했다.

파이코인은 3년 간의 테스트넷 기간과 다시 3년 간의 외부 금융으로부터 철저히 격리된 폐쇄형 메인넷 기간을 거쳐 블록체인 디지털 자산이 실물화폐를 대체할 수 있는지 전 세계 사람들을 대상으로 철저하게 실험했다. 출시하고 얼마 지나지 않아 암호화폐 거래소를 통해 기존 금융 자금이 유입되는 타 코인들과는 차별된 접근 방식이다.

테스트넷과 폐쇄형 메인넷, 이 6년 동안 파이코인은 사용자들이 일상생활에서 실제로 사용할 수 있는 웹3.0 디앱(Dapp)들을 집중적으로 개발하고 지원해 왔다. 실물 상품 거래 마켓 플레이스, 운송 서비스, 소셜 네트워크, 교육, 여행 및 관광, 부동산, 광고 플랫폼 등 다양한 분야에서 개발된 디앱들은 6,000만 명 이상의 파이코인 사용자에게 실질적인 가치를 제공한다. 이는 파이코인 생태계가 단순히 외적 보상을 추구하는 투자 수단으로서의 가치를 넘어, 실생활에 깊이 뿌리내릴 수 있는 내적 기반을 마련했다.

파이코인은 스텔라의 SCP에서 개량된 프로토콜을 사용하였기 때문에 스텔라의 오픈소스를 도입하여 사용할 수 있다. 그중 소로반 스마트 계약(Soroban Smart Contracts)을 도입할 경우, 파이코인은 이더리움보다 우수한 성능을 가진 스마트 계약 기능을 구현할 수 있게 될 뿐만 아니라, 기존 금융 시스템 및 다른 블록체인과의 상호 호환이 가능하게 된다. 이러한 혁신이 이루어질 경우, 파이코인은 블록체인 기술의 새로운 표준을 제시할 가능성이 있다.

"나무를 베는 데 6시간이 주어진다면,
나는 처음 4시간을 도끼를 가는 데 쓸 것이다."

– 에이브러햄 링컨

비트코인과 이더리움은 빠른 성장을 거두었으나, 생태계 확장에 있어서 외적 보상에 치중한 나머지 그 틀에 갇혀 한계점을 가지게 되었다. 파이코인은 6년이라는 세월 동안 준비했기 때문에 그 어떤 블록체인 프로젝트보다 느리게 발전하는 것으로 보일 수 있다. 그러나, 링컨이 위와 같은 말을 했던 것처럼 견고하고 혁신적인 블록체인 생태계를 구축하는 데 있어서 충분한 준비 과정은 필수적인 요소라는 사실을 우리는 간과해서는 안 된다.

비트코인 주 사용처

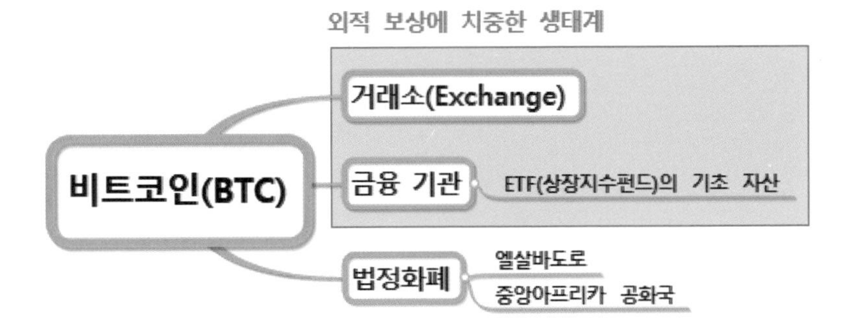

이더리움 주 사용처

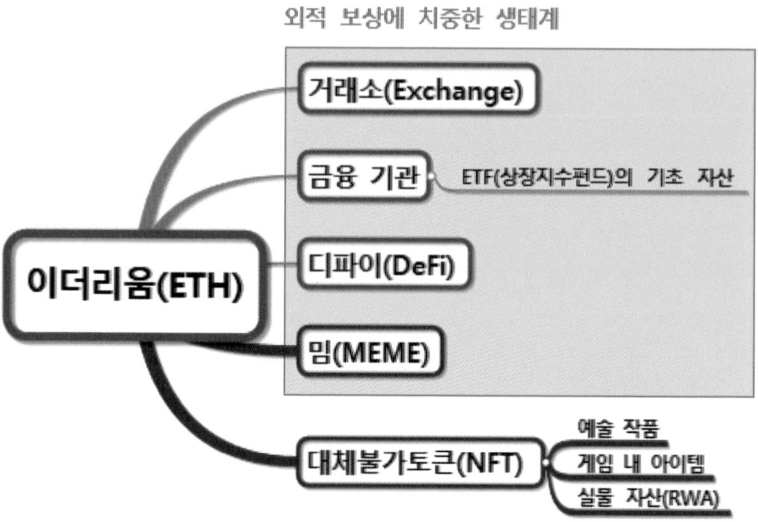

외적 보상에 치중한 생태계

이더리움(ETH)

거래소(Exchange)

금융 기관 – ETF(상장지수펀드)의 기초 자산

디파이(DeFi)

밈(MEME)

대체불가토큰(NFT) – 예술 작품 / 게임 내 아이템 / 실물 자산(RWA)

파이코인 주 사용처

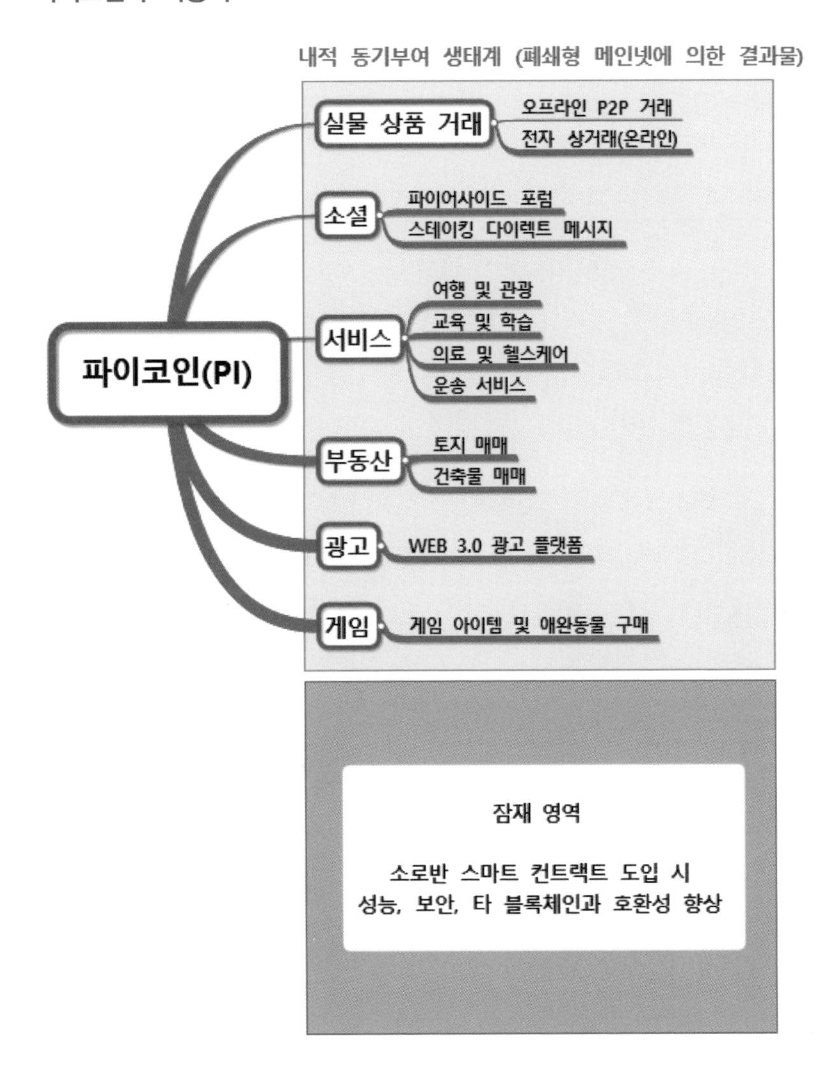
내적 동기부여 생태계 (폐쇄형 메인넷에 의한 결과물)
파이코인(PI)
실물 상품 거래
오프라인 P2P 거래
전자 상거래(온라인)
소셜
파이어사이드 포럼
스테이킹 다이렉트 메시지
서비스
여행 및 관광
교육 및 학습
의료 및 헬스케어
운송 서비스
부동산
토지 매매
건축물 매매
광고
WEB 3.0 광고 플랫폼
게임
게임 아이템 및 애완동물 구매
잠재 영역
소로반 스마트 컨트랙트 도입 시
성능, 보안, 타 블록체인과 호환성 향상

Part 2.

화폐 헤게모니 전쟁

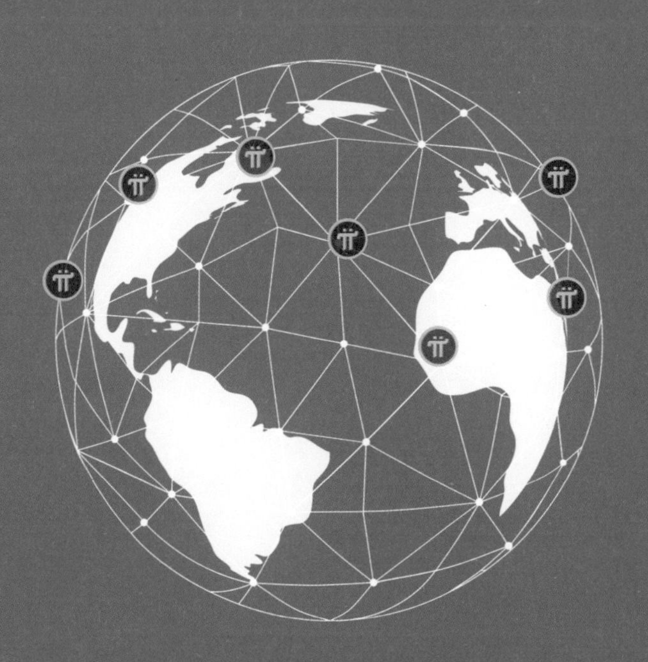

2-1

자본주의 위기, 그 속에서 싹트는 새로운 맹아들

● 빅사이클

경험에서 얻는 지식이 우리의 행동에 끼치는 영향력은 막강하다. 우리는 우리가 살면서 보고 들은 경험에 기반한 지식을 그대로 믿고 행하는 경우가 많지만 잘못된 길로 나아가는 첫 번째 단추는 우리가 진정 알고 있다고 자만하고 착각하고 있을 때이다. 한 국가나 개인이 자신을 위기에 몰아넣거나 다가올 위기에 대비하지 못하는 것은 자만심에 빠져 큰 그림을 보지 못하기 때문이다. 아는 것보다 모르는 것이 훨씬 많다는 것을 스스로가 인지하는 자세를 잘 견지하기만 해도 위기를 훨씬 더 잘 극복해 나갈 수 있다.

자만심의 덫에 걸리지 않았던 사람들은 크게 두 가지 방법을 사용했던 사람들이었다. 첫 번째는 질문을 주고받는 것이다. 서로에게 하는 것이건, 자신에게 질문을 던지는 것이 되었건 질문은 논제라는 나무에서 무자비하게 흩어져 끊임없이 갈라져 뒤엉킬 수 있는 개념의 나뭇가지를 엉키지 않게 나누도록 도와주는 훌륭한 방법이다. 두 번째 방법은 역사를 통해 지나온 과거를 되돌아보는 것이다. 다시 말해 생전 경험해 보지 못한 사건들의 패턴을 분석하는 것이다. 그리고 그 패턴을 기반으로 미래에 일어날 일들까지도 미리 준비하거나, 준비하는 마음가짐을 가질 수 있다.

개인의 경험을 초월해 현상을 통찰하는 두 가지 방법

1. 질문하기
2. 과거를 되돌아보기

세계 경제의 주도권과 글로벌 화폐 헤게모니와 관련하여 위 두 가지 방법을 접목한 대표적인 사례가 있다.

영국의 역사학자 도널드 서순(Donald Sassoon)[13]은 〈위대한 수업, 그레이트 마인즈〉 - "자본주의 세계 지배사"[14]에서 한 나라가 전 세계를 지배하는 것은 필연적인 것이 아니며, 사실 그 어떤 나라도 전 세계에 강력한 영향력을 끼친 적은 있어도 지배한 적은 없다고 설명한다.

"세계자본주의라는 것은 실존하지 않는다. 서로 연결되어 있으면서도
충돌하는 상이한 자본주의가 있을 뿐이다. 과거에 그랬듯
충돌은 위기로 이어지고 매 위기는 자본주의를 재편하는 과정이 된다.

자본주의에는 생산과 소비라는 세계적인 흐름이 있다. 자본주의는
기능할 수 있는 곳, 즉 이익, 기회, 틈이 있는 곳에서 작동한다.
어느 자본가의 실패는 다른 자본가의 성공이 된다.
모든 위기에는 승자가 존재한다. 모든 승리는 한 순간이다."

– 도널드 서순, EBS, 〈위대한 수업, 그레이트 마인즈〉 – "자본주의 세계 지배사"

미국의 브리지워터 어소시에이츠(Bridgewater Associates)[15]의 창립자인 레이 달리오(Ray Dalio)도 그의 저서 『변화하는 세계 질서』를 통해

---

13) 영국의 역사학자로 그의 주요 저서로는 『사회주의 100년』, 『유럽 문화사』, 『불안한 승리: 자본주의의 세계사』가 있다. EBS, 〈위대한 수업, 그레이트 마인즈〉에서 2024년 2월 "자본주의 세계 지배사"를 강연했다.

14) 한국의 공영 교육 방송인 EBS에서 2024년 2월 8일부터 2월 15일까지 총 5회에 걸쳐 방영했다. 1강 자본주의 등장을 반긴 사람들, 2강 어떻게 하면 미국처럼 강해질까, 3강 자본주의에 반드시 국가가 필요한 이유, 4강 자본주의가 국민 형성에 앞장선 이유, 5강 미국은 언제까지 승자일까

15) 브리지워터 어소시에이츠(Bridgewater Associates)는 레이 달리오(Ray Dalio)가 1975년에 설립한 미국의 헤지펀드 회사다. 본사는 코네티컷주 웨스트포트에 자리 잡고 있으며, 세계에서 가장 큰 헤지펀드 중 하나로 알려져 있다. 브리지워터는 '리스크 패리티', '글로벌 매크로', '액티브 매니지먼트' 전략을 주로 이용하여 다양한 시장 환경에서도 수익을 창출하는 것을 목표로 하며 특히, 그들의 '올웨더(All Weather)' 전략은 다양한 경제 상황에서도 일관된 수익을 목표로 하는 포트폴리오 관리 방식으로 널리 인정받고 있다. 브리지워터는 독특한 기업 문화와 직원들 사이의 투명한 의사소통을 강조하는 것으로도 유명하다.

역사상 그 어떤 패권국도 영원히 존속하지 않았다는 사실과 그 패권국이 주도하는 기축통화 역시 그러했다는 점을 설명했다.

위대한 제국들의 상대적 지위에 대한 대략적 추정 그래프

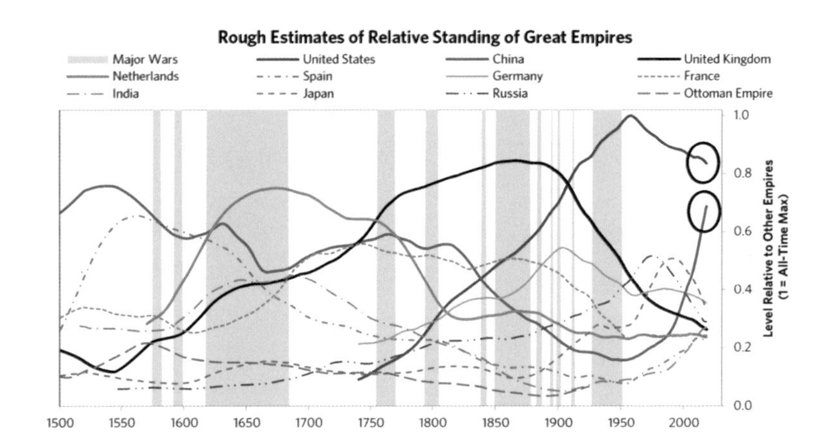

레이 달리오는 역사적으로 그 어떤 위대한 국가도 영원히 존속하는 경우는 없었으며 기존 패권 국가의 흥망성쇠 곡선에 이어 새로운 패권 국가의 흥망성쇠가 다시 이어지는 흐름을 빅사이클이라고 불렀다. 레이 달리오는 미국에 이어 중국이 새로운 패권국으로 자리 잡을 가능성이 높다고 생각했었고 전 세계 기축통화도 이와 함께 변할 가능성이 있다고 보았다.

출처: https://www.linkedin.com/pulse/chapter-4-big-cycle-united-states-dollar-part-1-ray-dalio

세계 패권을 주도했던 국가들이 사용했던 화폐

국가	스페인	네덜란드	영국	미국	?
통용 화폐	레알(Real)	길더(Guilder)	파운드(Pound)	달러(Dollar)	?
화폐 기호	R	*f*	£	$	?
전성기	1550년대 ~ 1650년대	1600년대 ~ 1750년대	1800년대 ~ 1910년대	1945년 ~ 현재	?

미국의 패권 약화 징후들, 베트남 전쟁(1955–1975) ~ 현재

시기	사건	내용
1955–1975	베트남 전쟁 실패	베트남 전쟁 실패는 미국의 국제적 신뢰도에 큰 타격을 주었을 뿐만 아니라, 전쟁 기간 막대한 비용을 소모하게 했다. 전쟁 비용으로 인한 국가 부채의 증가는 미국 경제에 장기적인 부담을 가중했으며 경제 발전 및 사회 복지 프로그램에 대한 투자를 감소시키는 결과를 초래했다.
1979–1981	이란 대사관 인질 사건	이란에서 미국 대사관 직원 50여 명이 인질로 붙잡혔던 사건이다. 이 사건은 중동 지역에서 미국의 영향력이 약화되고 있음을 상징적으로 보여 준다. 이란 혁명[16]과 이란 대사관 인질 사건은 중동 지역에서 미국의 전략적 이익을 지키기 위한 미국의 능력 한계를 명확하게 보여 주었다.
2007–2008	2008년 글로벌 금융위기	실물 경제 활성화가 뒷받침되지 않은 금융시장의 확장으로 인해 불러일으켜진 사건이다. 구체적으로는, 무분별하게 발행된 돈을 바탕으로 부동산 경기 부양 정책을 시행한 미국 정부, 상환 능력을 따지지 않고 주택 상승 전망에 따라 갚을 수 없는 대출을 실행한 은행들, 대부분이 대출로 이루어진 이 부동산을 기반으로 한 증권사의 모기지 상품과 이를 또 기반으로 한 파생 상품들이 원인이다. 이것들은 더 이상 버티지 못하고 대출을 갚지 못한 서민들, 즉 기초가 무너짐으로 인해 다 무너지게 되었다. 이 사건은 미국뿐만 아니라 미국의 영향을 받는 수많은 자본주의 국가들의 경기 침체를 초래했다. 미국발 금융 시스템에 대한 결함은 미국 기반 금융 시스템에 대한 신뢰도 하락으로 이어졌고 전 세계에 미국의 금융 시스템과 달러에 대한 의존도 감소에 대한 노력으로 이어졌다. 사토시 나카모토가 최초의 탈중앙 암호화폐인 비트코인을 탄생시킨 것도 바로 이 시기이다.

16) 이란 혁명(Iranian Revolution)은 친미국, 영국 왕조였던 모하마드 레자 샤 팔라비(Mohammad Reza Shah Pahlavi) 왕조가 축출되고, 아야톨라 루홀라 호메이니(Ayatollah Ruhollah Khomeini)를 지도자로 한 반서방 이슬람주의 정부가 들어선 혁명이다. 혁명의 주요 요인으로는 샤 정권의 권위주의적 통치, 경제적 불평등, 서구화에 대한 반발 등이 있다. 이란 혁명은 중동 지역의 정치 지형을 크게 변화시켰으며, 이후 미국과 이란 간의 관계에도 심대한 영향을 미쳤다.

2013–현재	중국의 부상과 견제	2차 세계대전 때 강화한 생산 역량을 바탕으로 미국이 제조업의 선두에 서서 막강한 경제 발전을 이루었다면, 베트남 전쟁 실패, 소련과의 냉전 경쟁, 중동과의 분쟁, 2008년 금융위기 등으로 에너지를 소모한 미국의 틈새를 파고든 중국이 21세기 이후부터는 풍부한 노동력과 자원을 바탕으로 제조업 강국으로 발돋움하게 되었다. 제조업으로 성장한 강력한 내수 경제를 바탕으로 2013년부터 중국은 대외 경제 장악에도 장기적인 비전을 품게 되는데, 이것이 바로 중국의 일대일로[17]이다. 미국 기반 금융 인프라의 신뢰도 하락이 일대일로에는 기회로 작용했다. 대만과 중국은 1949년 중국 내전 이후 분리되었으나, 중국은 군사적, 외교적 압력을 가하여 대만과의 재통합을 시도하고 있다. 최근 몇 년간, 중국은 대만 주변에서 군사 훈련을 강화하고, 대만 독립을 지지하는 국가들에 대한 외교적 압력을 증가시키고 있다.
2019–2023	코로나19 팬데믹 대응	팬데믹 초기, 미국은 국제적 리더십을 발휘해 질병이 전 세계로 확산하는 것을 억제하는 것은 고사하고, 자국의 코로나19 확산을 억제하는 데도 실패했다. 테스트 키트의 부족, 일관되지 않은 공중 보건 시스템, 필수 의료 장비의 부족 등은 미국의 보건 취약성을 여실히 드러냈다. 그뿐만 아니라, 미국은 팬데믹을 대응하는 과정에서 국제적으로도 협력과 공조를 이루지 못했다. 예를 들어, 세계보건기구(WHO)와의 관계 악화로 WHO를 비판하면서 자금 지원 중단을 선언하고 결국엔 2020년 7월 미국은 세계보건기구(WHO)에서 탈퇴하기로 선언한 적이 있다.[18] 코로나19로 인한 전염병이 예상보다 빠르게 확산하여 경제적 타격을 우려한 미국은 양적완화 정책을 폈는데 미국 연방준비제도(Fed)는 경기 침체에 대응하기 위해 금리를 2020년 3월 15일 0.5% – 1차 금리 인하, 2020년 3월 30일

---

17) 일대일로(一帯一路, Belt and Road Initiative, BRI)는 중국을 중심으로 아시아, 유럽, 아프리카 등 전 세계를 연결하는 육상 및 해상 실크로드를 재건하여 참여국 간 경제 협력을 강화한다는 취지를 가진 프로젝트이다. 그러나 실질적으로는 미국의 영향을 받지 않는 자국에 이로운 무역 지대를 꾸준히 확장해 나가면서 전 세계에서 중국의 지정학적, 경제적 영향력을 확대하려는 목적을 가진 장기 프로젝트이다. '일대'는 육상 실크로드를, '일로'는 21세기 해상 실크로드를 의미한다. 2013년, 이 전략을 중국 정부가 처음 제안하였고, 2023년 기준으로 150여 개 국가가 참여하고 있다.

18) 2021년 1월 20일 조 바이든(Joe Biden)이 미국의 46대 대통령으로 당선되고 정권이 교체되면서 취임과 동시에 도널드 트럼프(Donald John Trump) 대통령 당시 탈퇴했던 WHO에 재가입하였다.

		0.5% – 2차 금리 인하, 두 차례에 걸쳐 최종 0.00~0.25%라는 이례적인 인하를 보여줬다. 이후에도 개인들에게 경제적 지원금을 지급하는 등 추가적인 경제 지원 정책도 시행했는데 이는 전염병 확산으로 인한 경기 침체를 막는 데 효과가 있었을지는 모르나 물가 상승에도 영향을 미쳐 현재까지 미국은 높은 인플레이션 문제에 직면해 있다.
2022–현재	러시아 우크라이나 전쟁	러시아의 우크라이나 침략은 뚜렷한 명분 없이 한 국가를 전쟁으로 침략했다는 점에서 국제법 위반과 국제 질서에 대한 도전으로 볼 수 있으며 미국이 국제 질서를 수호하거나 조율할 수 없음을 보여 주는 사건이라고 할 수 있다. 러시아에 대한 미국의 제재는 에너지와 곡물 가격의 상승을 유발했고 전 세계적인 인플레이션을 가속했다. 미국은 달러 기반 국제 무역에 있어서 필수적인 스위프트(SWIFT)[19] 금융 시스템에서 러시아를 제외했다. 러시아는 이러한 제재에 대응하기 위해 국제 무역에 달러 의존도를 줄이고, 다른 통화(유로화, 위안화) 또는 암호화폐를 사용하는 방안을 모색했다. 러시아와 우크라이나 내에서 전쟁 자금 조달 및 자산 보호를 위해 암호화폐 사용이 증가했고 이것은 암호화폐 수요를 증가시키고 가격 상승에 영향을 주었다.

19) 스위프트 (SWIFT, System for Worldwide Interbank Financial Telecommunication)는 전 세계 은행 간 금융 거래를 가능하게 하는 국제적인 금융 메시지 전송 네트워크다. 1973년에 설립되어 벨기에 브뤼셀에 본사를 두고 있으며, 전 세계 200여 국가의 11,000여 은행 및 금융기관이 참여하고 있다. SWIFT 시스템은 국경 간 송금, 외환 거래, 증권 거래 등 다양한 금융 거래 메시지를 안전하게 전송하는 역할을 한다. 특히, 이 시스템은 글로벌 금융 거래의 효율성과 보안성을 높이는 데 중요한 역할을 하며, 세계 금융 시스템에서 필수적인 인프라로 인식된다. 그러나, 정치적, 경제적 제재의 도구로 사용될 수 있다는 점에서 비판의 대상이 되기도 한다. 예를 들어, 국제 제재의 일환으로 특정 국가나 개인을 SWIFT 시스템에서 차단하여 금융 거래를 제한할 수 있다.

<table>
<tr><td>2021–현재</td><td>미국–사우디아라비아 간 동맹 약화</td><td rowspan="3">중동은 세계 에너지 공급의 핵심 지역으로, 이 지역의 안정과 친미 정권의 유지, 미국의 달러를 기반으로 한 원유 거래의 지속은 미국이 세계 패권을 유지하는 데 있어서 중추적인 역할을 담당한다.
그중 사우디아라비아와 이스라엘은 대표적인 미국의 중요한 동맹국이며 사우디아라비아는 미국이 달러로 원유를 수입하는 국가이고 이스라엘은 중동에서 미국의 이익을 대변하는 핵심 국가이다.
셰일가스[20] 혁명으로 원유에 대한 수입 의존도가 낮아지자, 미국–사우디아라비아 간 전략적 협력에 변화가 생기기 시작했다. 여기에 더해 미국 내 정치적 변화(인권과 민주주의 가치에 더 중심을 둔 정권으로 교체)와 지역 안보에 대한 각자의 전략적 이해관계 차이가 벌어지면서 사우디아라비아는 러시아, 중국과 같은 다른 강대국들과의 관계를 강화하며 국제적인 파트너십을 다변화하고 있다. 이는 미국과의 기존 관계에도 좋지 않은 영향을 끼칠 가능성이 크다.
이스라엘과 타 중동 국가 간의 지속적인 충돌은 미국이 중동 지역에서 평화를 유지하고 갈등을 해결하는 데 있어 균열이 가고 있음을 직접적으로 보여 준다. 이스라엘–하마스 전쟁과 같은 군사적 충돌 사건은 중국, 러시아, 인접 중동 국가들 등 미국과 이해관계를 달리하는 국가들이 미국과 대립하는 목소리를 냄으로써 타 국가들의 공감을 얻어 국제사회에서 그들의 영향력을 확대하는 계기로 활용되고 있다.</td></tr>
<tr><td>2023–현재</td><td>이스라엘–하마스 전쟁</td></tr>
<tr><td>2024–현재</td><td>이스라엘–이란 분쟁</td></tr>
</table>

여러 가지 징후들과 전문가의 의견을 종합하여 볼 때, 작금의 미국의 상황은 전형적인 패권국의 쇠퇴 국면에 있다. 이를 고려한다면, 미국 스스로가 자신을 수술대에 올려놓든지 아니면 다른 국가가 새로운 대안을 제시하건 간에 기존의 달러 대신 새로운 유형의 화폐가 세계 경제 무대의 주역

---

20) 셰일가스(shale gas)는 미세한 틈이 많은 셰일(shale)이라는 퇴적암 속에 갇혀 있는 천연가스를 말한다. 셰일가스 개발은 미국에서 특히 활발하게 이루어져, 21세기 초반부터 에너지 생산 구조를 근본적으로 변화시켰다. 이로 인해 미국은 세계 최대의 천연가스 생산국이자 수출국으로 부상하였고, 전 세계 에너지 시장에 상당한 영향을 미치고 있다.

으로 부상할 가능성도 있지 않을까?

● 달러화, 기축통화의 지위를 언제까지 이어 나갈 수 있을 것인가?

미국의 달러화($) 이전의 기축통화는 영국(대영 제국)의 파운드화(£)였다. 그러나 2차 세계대전을 기점으로 20여 년에 걸쳐 영국은 미국에 패권국의 지위와 함께 세계 기축통화 통제권 역시 넘겨주게 된다. 영국은 승전국인 연합국에 속해 있었지만 2차 세계대전에서 유럽 본토가 입은 피해는 막대했고 영국도 전체 주거지의 30% 이상이 파괴되는 등 예외는 아니었다. 그뿐만 아니라, 세계대전 종료 후 전 세계적으로 탈식민주의 붐이 일었었는데 이때 영국은 세계대전 중 일본에 빼앗긴 동아시아, 동남아시아 지역 식민지 외에도 인도를 비롯한 대부분의 남은 식민지 대부분을 포기함으로써 패권국에서 물러나게 되었다. 반면, 미국은 지리적으로 대서양과 태평양으로 둘러싸여 있었기 때문에 전쟁 기간 상대적으로 전쟁 피해를 거의 입지 않았다. 또한, 2차 세계대전의 주 무대 중 하나였던 영국과 달리 미국은 연합국을 지원하는 군수 공급 기지로서 전쟁 기간 막대한 생산 역량을 강화했고 산업 시설을 확충하ㄱ 경제 발전을 촉진시킬 수 있었다. 이 기간에 미국은 과학 기술 발전에도 투자해 새로운 산업 분야들을 탄생시켰고, 2차 세계대전 이후 미국은 유럽과 아시아의 경쟁력이 약해진 상황에서 세계 과학과 경제의 중심지로 자리 잡을 수 있는 토대를 마련하게 되었다.

이러한 상황 속에서 미국은 소련이 주도하는 공산주의에 맞서 자본주의를 대표하는 수호자로 자리매김하게 된다. 브레턴우즈 체제[21]는 자본주의를 함께 수호하려는 연합국 44개국 통화 금융 회의에서 탄생했다. 이 협정을 계기로 미국의 달러화는 금본위제도라는 전제하에 공식적으로 세계 기축통화로 인정받는다. 얼마 지나지 않아 미합중국 국무장관인 조지 C. 마셜이 추진한 마셜 플랜[22]은 미국 달러의 유럽 내 유입을 크게 늘리는 데 큰 역할을 하였다. 이 정책은 도움이 절실했던 서방 진영의 큰 공감대를 이끌어 냈다. 이로 인해 달러를 주요 거래 및 투자 통화로 사용하는 유럽 국가들이 많아졌고, 공산주의는 무역에 있어서는 발이 묶여 전 세계로 확장하지 못하였다. 이 때문에 소련은 초창기에는 철저한 계획경제 아래 성공하는 듯 보였으나, 서방과 경제적으로 격리되고 사회주의 국가들 사이의 경

21) 브레턴우즈 체제(Bretton Woods System)는 2차 세계대전이 막바지에 이른 1944년 7월, 미국 뉴햄프셔주 브레턴우즈에서 열린 국제 통화 금융 회의에서 탄생한 세계 금융 및 통화 관리 체계이다. 이 회의에서는 44개국의 대표들이 참석하여 전후 세계 경제의 안정을 위한 체계를 구축하기 위해 논의하였다. 브레턴우즈 체계의 핵심은 고정환율제도의 도입에 있었다. 각국의 통화 가치를 금에 고정하는 대신, 미국 달러를 금과 고정하고 (당시 1온스당 35달러로 고정) 다른 통화들은 미국 달러에 대해 고정환율로 연결하는 방식이었다. 이로써 미국 달러는 사실상 세계의 기축통화 역할을 하게 된다. 또한, 이 체제는 세계은행(World Bank)과 국제통화기금(International Monetary Fund, IMF)의 설립을 통해 금융 안정성을 유지하고, 국가 간의 경제 협력을 촉진하는 데 중점을 두었으며, 세계은행은 전후 재건 및 개발 프로젝트에 자금을 제공하는 반면, IMF는 회원국들이 경제적 어려움에 처했을 때 재정적 지원을 제공하여 국제 경제의 안정성을 유지하는 데 기여했다.

22) 마셜 플랜(Marshall Plan), 공식 명칭으로는 유럽 재건 프로그램(European Recovery Program, ERP)은 1948년부터 1952년까지 실행된 미국의 대규모 경제 원조 프로그램이다. 이 계획은 2차 세계대전 후 파괴된 유럽의 경제 재건을 돕기 위해 미국 국무장관이었던 조지 C. 마셜(George C. Marshall)의 이름을 따서 명명되었다. 마셜 플랜의 주된 목적은 전쟁으로 황폐해진 유럽 국가들의 경제를 복구하고 재건하여, 정치적 안정성을 회복하고 공산주의의 확산을 막는 것이었다. 이 계획은 유럽 국가들이 필요로 하는 자금, 식량, 연료, 기계 등을 제공함으로써 경제적 회복을 지원했다. 총 130억 달러(현재 가치로 약 1,300억 달러 이상)가 넘는 원조가 유럽의 16개 국가에 제공되었으며, 이를 통해 유럽의 산업과 농업 생산성은 크게 향상되었다. 마셜 플랜은 유럽 국가들의 경제적 회복뿐만 아니라 유럽 통합의 초석을 다지는 데에도 중요한 역할을 했다.

제적 연대에도 실패[23]하면서 그 영향력을 전 지구적으로 확산하지 못하고 역사상 자취를 감추게 되었다. 개개인의 인간 욕망을 배제하거나 억제하지 않는다는 전제하에 개인의 자유를 보장한다는 이념은 자유를 억제하는 대신 공동의 행복을 추구한다는 이념보다 확실히 더 큰 공감대를 얻었다. 인류 역사의 흐름은 문명, 과학의 발달과 함께 인간 개인이 통제당할 수밖에 없었던 쪽에서 자유로워지는 방향으로 나아가고 있다.

그러나 미국은 자유를 중요 이념으로 내세우면서도 화폐 정책만큼은 그렇게 하지 못했다. 역사상 권력을 가진 소수가 극단적으로 자유로워지면 그 외 서민들의 자유는 억압당했다. 미국은 세계 경제를 좌지우지하는 화폐의 발행량과 금권정치 및 무분별한 금융자산 소득 증가를 내버려둠으로써 서민들의 삶을 자유롭지 못하게 만들었다. 미국은 패권국의 지위를 유지하는데 생각보다 큰 비용을 쏟아부어야 했고 그중에서도 결국 승리하지 못한 베트남 전쟁은 미국에 막대한 재정적 부담을 질 수밖에 없게 만드는 결정적 원인의 시초였다. 1971년 미국의 리처드 닉슨 대통령은 결국 금본위제로는 전 세계에 경제적 지배력을 확산하기에는 한계가 있다고 보고

23) 소련 역시 경제상호원조회의(COMECON)를 통해 사회주의 국가들 간에 경제적 네트워크를 형성하려 했으나 실패하였다. 실패한 원인으로는 1. 참여국 간의 경제적 불균형, 2. 중앙 집중식 계획 경제 시스템하에서 국경을 넘는 자원 및 자본 배분의 비효율성 발생, 3. 정치와 시장 상황에서의 이해관계 충돌(대체로 경제적 효율성보다는 정치적 목적이 우선시됨), 4. 마셜 플랜과 같은 미국의 유럽 지원 전략으로 인해 서방 시장 접근이 봉쇄됨.

금본위제를 하지 않겠다고 선언했다.[24] 그 이후 미국 달러는 금이라는 실제 자산에 묶이지 않고 발행량 제한 없이 발행할 수 있게 되었다. 이후 미국은 연방준비제도(Federal Reserve System)[25]를 통해 미국 국채를 담보로 꾸준히 달러의 발행량을 늘려 왔다. 발행량이라는 고삐가 풀린 기축통화 달러의 지배력은 날이 갈수록 교묘해지고 복잡해지는 금융 산업과 함께 성장했다.

돈의 발행과 신용의 공급은 신규 산업의 투자를 촉진해 경제 성장에 도움을 주는 듯했다. IT산업도 여기에 영향을 받아 여러 신생 대기업을 탄생시켰다. 그러나, 기초적인 생산량 증대 없이 부풀어진 산업은 결국 버블이라는 이름으로 깨진다는 사실을 깨닫는 데까지는 그리 오래 걸리지 않았다. 2000년대 IT 버블 붕괴와 2008년 금융위기는 짧은 시간 안에 얻는 이익이 많을수록 큰 고통 또한 함께 초래할 수 있다는 것을 느끼게 한 사건

---

24) 이는 고정환율제도의 종료와 함께 주요 통화들의 변동환율제로의 전환을 의미했다. 이후, 세계 금융 시스템은 더 유동적이고 복잡한 형태로 발전해 나갔다.

25) 미국 연방준비제도(Federal Reserve System, 약칭 Fed)는 미국의 금융을 관리하는 시스템으로, 1913년 연방준비제도법에 의해 설립되었다. 이 시스템의 주된 목적은 미국의 금융 시스템을 안정시키고, 금융 및 경제적 안정을 유지하는 것이다. 연방준비제도는 한국의 중앙은행과 달리 여러 기관이 연합한 형태로 이루어져 있으며, 가장 중요한 기관으로는 연방준비위원회(Board of Governors), 12개의 연방준비은행(Federal Reserve Banks), 연방공개시장위원회(Federal Open Market Committee, FOMC) 등이 있다. 연방준비위원회는 워싱턴 D.C.에 본부를 두고 있으며, 전국적으로 분포된 연방준비은행들은 각 지역의 금융기관들과 밀접하게 협력하고 있다. 연방준비제도의 주요 기능은 통화 정책의 수립과 집행, 은행 감독 및 규제, 금융 서비스 제공(예: 결제 시스템 운영, 정부 자금 관리 등) 등이다. 특히, 연방공개시장위원회(FOMC)는 통화 정책을 결정하는 핵심 기구로, 금리 조정, 공개시장 작업을 통해 경제 성장을 촉진하고, 인플레이션을 제어하는 역할을 한다. 연방준비제도는 금융위기 시 중요한 역할을 하며, 경제 안정과 성장을 위해 다양한 정책 도구를 사용하는데 이는 미국뿐만 아니라 전 세계 경제에도 중대한 영향을 미친다.

이었다. 그런데도 아직도 기초 생산량과 인프라 확충 대비 금융 산업 규모의 비중은 날로 커지고 있다. 미국이 매년 협상하는 부채 한도 역시 기하급수적으로 상향되고 있다. 화폐가 많이 발행될수록 인플레이션이 발생해 돈의 가치가 떨어져 물가는 상승한다. 돈은 날이 갈수록 더 발행되고 서민들이 생활하는 비용은 점점 더 늘어가고 있다. 자유주의 국가에 살면서 점점 더 자유롭지 못한 상황으로 국민은 내몰리고 있다. 금권정치가 도를 지나쳐 법이 정의가 아닌 금전의 편을 들어주는 일들도 벌어지고 있다. 중산층이 몰락하고 빈부격차 및 정치 양극단의 갈등 역시 심해지고 있다. 보이지 않는 손은 보이지 않는 올가미가 되어 서민들의 목을 조이고 있다.

● 틈 안에서 새롭게 싹트는 맹아들

역사는 줄곧 기득권이 쇠락할 때 그 틈새를 파고드는 새로운 경쟁자가 그 자리를 대체하는 패턴을 반복해 왔다. 자본주의도 그렇다. 새로운 자본주의는 기존 자본주의의 모순이 낳은 틈새에서 기회를 찾아 이익을 얻는다. 기존 자본주의를 떠받치고 있는 주인공들이 존속하려면 그들에 대한 사람들의 신뢰가 뒷받침되어야 한다. 그 신뢰는 얼마나 오랫동안 지속될까? 이들은 신뢰를 유지하기 위해서 어떤 노력을 하고 있을까?

새로운 자본주의의 주인공들은 이미 기존 자본주의의 틈새 안에서 싹을 틔우고 있다. 반대로 기존 자본주의의 주인공들도 갈라진 틈새를 메우려고 발버둥 치고 있다.

기존 자본주의의 주인공들 (지키려는 쪽)

1) ISO 20022[26] 도입

2023년 11월, 국제결제은행(BIS) 지급 및 시장 인프라 위원회(CPMI)는

26) ISO 20022는 국제 표준화 기구(International Organization for Standardization)에 의해 개발된 금융 산업의 전자 데이터 교환을 위한 국제 표준이다. 이 표준은 은행, 결제 시스템, 증권 거래소 등 다양한 금융 분야에서 사용되며, 금융 정보의 전달, 수신, 처리를 위한 메시지 구조와 프로토콜을 정의한다. ISO 20022의 목표는 금융 기관과 시스템 간의 상호 운용성을 증진하면서 글로벌 금융 시스템의 효율성과 투명성을 개선하는 것이다.

국가 간 지급 서비스 표준화를 위해 ISO 20022 공통 요구사항을 발표했다. 이에 따라 한국은행을 포함한 전 세계 여러 중앙은행과 금융기관들은 ISO 20022 도입을 추진하기 시작했다. 스위프트를 비롯한 기존 금융망에서 ISO 20022를 도입할 경우 다음과 같은 이점이 있다.

ISO 20022를 도입할 경우 얻는 이점들

- **향상된 데이터 품질:** 구조화되고 의미 있는 데이터 포맷을 사용하여 데이터 오류 감소
- **효율성 향상:** 데이터 처리 및 해석을 자동화하여 프로세스 속도 향상
- **비용 절감:** 오류 및 오해를 줄여 처리 비용 절감
- **투명성 증가:** 거래 데이터에 대한 가시성을 높여 투명성을 향상

금융 메시지 SWIFT MT와 ISO 20022 비교

특징	SWIFT MT	ISO 20022
출시 년도	1973년	2002년
프로토콜	FIN 프로토골을 사용, FIN 프로도콜은 오래된 프로토콜이며, 보안이 취약	XML 기반 프로토콜을 사용, XML 기반 프로토콜은 FIN 프로토콜보다 보안성이 높고, 다양한 시스템과의 호환성이 좋음
메시지 형식	다양한 메시지 형식을 지원하지만, 이는 메시지 처리를 복잡하게 만들고, 오류 가능성을 높임	표준화된 메시지 형식을 사용, 이는 메시지 처리를 간소화하고, 오류 가능성을 낮춤
데이터 품질	데이터 품질 낮음. 각종 오류 유발 가능	데이터 유효성 검사, 데이터 정규화 및 데이터 표준화 등 데이터 품질을 향상하기 위한 다양한 기능을 제공

자동화	자동화 어려움	자동화하기 쉬운 구조로 되어 있음
보안	DES, 3DES와 같은 오래된 암호화 알고리즘을 사용	AES와 같은 최신 암호화 및 RSA, ECDSA 디지털 서명 알고리즘을 사용하여 보안성 강화
채택 상황	기존 표준, 2025년 11월까지 사용 가능	2023년 11월 이후 본격 도입, 점차 채택 증가

ISO 20022를 도입한 사례

- SWIFT: SWIFT는 ISO 20022 표준 개발 및 유지 관리, 기반 솔루션 제공, 도입을 위한 교육 및 지원에 참여하고 있으며, ISO 20022 기반 솔루션을 사용하여 다양한 제품 및 서비스를 제공하고 있다.
- FedNow (미국): 미국 연방준비제도이사회(FRB)가 기존 금융기관들(주로 은행들)을 위해 2023년 7월 20일에 출시한 실시간 결제 시스템으로 은행들이 이 시스템을 도입하면 24시간 연중무휴 실시간으로 돈을 주고받을 수 있는 서비스를 고객들에게 제공할 수 있게 된다. 2024년 기준 금융기관들에 0.045달러라는 저렴한 수수료를 받고 서비스를 제공한다.
- 한국은행 (한국) 한은금융망(KFTC): 한국은행도 2026년 말까지 도입을 완료할 계획이며, 이를 통해 국제 금융 거래의 효율성과 투명성을 높이려고 하고 있다.
- 유럽 결제위원회 (EPC): 유럽 결제위원회(EPC)는 유럽에서 SEPA (Single Euro Payments Area, 단일 유로 결제 지역) 결제 시스템을 운

영하는 기관이다. 2023년 11월부터 SEPA 인스턴트 크레딧 전송(SCT)에 ISO 20022를 도입하기 시작했으며, 향후 다른 SEPA 결제 메시지에도 ISO 20022를 확대 적용할 계획이다.

2) CBDC 발행

CBDC(Central Bank Digital Currency)는 중앙은행에서 발행하는 디지털 화폐를 말한다. 전 세계적으로 중앙은행의 디지털 화폐는 2010년 후반부터 본격적으로 개발되기 시작했으며 암호화폐와 같은 블록체인 분산원장 기술이 활용될 수도 있다. 이 때문에 중개 기관(민간은행 등) 없이 결제 과정과 비용을 혁신적으로 줄일 수 있다. 그뿐만 아니라, 모든 거래 내역이 국가가 관리하는 분산된 디지털 원장에 기록이 되기 때문에 안정적인 세수 확보 및 정부 정책 실행에 도움이 될 수 있다. 코로나 팬데믹, 암호화폐 가격 상승에 따른 블록체인 부문 이슈화와 함께 본격적으로 사람들에게 알려지기 시작했다.

ISO 20022는 금융 서비스에 있어서 통신 메시지의 표준을 일컫는 개념이고, CBDC는 법정화폐의 기술적 진보 형태라고 할 수 있다. 이 둘은 서로 다른 개념이면서도 기존 금융 시스템을 지키는 선에서 활용될 수 있는 기술이라는 점에서 상호 보완적인 관계라고 볼 수 있다.

새로운 자본주의의 주인공들 (점령하려는 쪽)

1) 비트코인

비트코인은 글로벌 금융위기가 전 세계를 뒤엎었던 2008년 10월 '사토시 나카모토(Satoshi Nakamoto)'라는 가명의 한 인물이 쓴 "Bitcoin: A Peer-to-Peer Electronic Cash System" 백서[27]에 의해 처음 등장하였다. 사토시 나카모토는 그의 백서에서 금융기관이나 제3자를 거치지 않고도 개인 대 개인이 직접 전자화폐를 주고받을 수 있는 시스템을 제안했다. 단순히 제안만 한 것이 아니라, 2009년 1월에 비트코인을 개발하여 배포했다. 이 전자화폐 시스템은 제3자 중개기관이 없는 대신 컴퓨팅 파워를 사용해 변경할 수 없는 암호화된 거래 내역의 사슬을 네트워크에 기록하게끔 유도한다. 이렇게 암호화된 디지털 원장은 기록은 되지만 지울 수는 없다. 이렇게 꼬리에 꼬리를 물고 이어진 디지털 원장의 사슬을 블록체인이라 한다. 참여자는 자신의 컴퓨터를 이러한 작업 활용에 제공하는 대신 비트코인이라는 보상을 지급받는다. 비트코인은 2009년 출시 당시에는 개인 컴퓨터로도 한 블록(당시는 10분 당 한 블록 생성) 당

---

27) 백서(白書, White Paper)는 특정 주제에 대한 상세한 정보를 제공하고 문제 해결을 위한 제안이나 기술적인 설명을 담은 공식 문서를 말한다. 주로 정책, 제품, 기술 등을 설명하기 위해 작성되는데 암호화폐의 경우 투자자에게 설명하기 위하여 해당 암호화폐의 작동 원리와 철학 등을 설명한 문서를 일컫는다.

50BTC를 채굴할 수 있었으며 가격은 0원~1원이었다. 2016년에는 1BTC 당 130만 원 정도에 거래되었다. 2024년 말 지금 기준으로 비트코인을 채굴하기 위해서는 높은 전력 효율성을 제공하는 전용 집적 회로를 탑재한 채굴 장비가 필수이며, 1BTC당 가격은 1억 원 이상이다.

2) 알트코인과 민간 스테이블 코인

비트코인 이외에 블록체인 기술을 사용하는 암호화폐를 통틀어 알트코인이라고 부른다. 최초의 알트코인은 이더리움이다. 이더리움은 비트코인이 5,000% 이상 급등했던 2013년도에 비탈릭 부테린(Vitalik Buterin)에 의해 제안되었고, 크라우드펀딩을 통해 개발 자금을 모아 2015년 7월 30일에 공식 런칭되었다. 이더리움은 블록체인 기술을 활용해 제3자 기관 없이 자동화된 거래뿐만 아니라 계약도 가능하게 했다. 이것을 스마트 컨트랙트(Smart contract)라 한다. 스마트 컨트랙트는 디지털 콘텐츠 거래, 부동산 등 실물 자산 거래 등 계약 또는 서명이 필요한 모든 것을 자동화했으며 이 기능을 이용한 다양한 분산 애플리케이션(줄여서 Dapp)을 탄생시켰다.

비트코인과 이더리움이 인기를 끌자 자연스럽게 다른 알트코인들도 생겨났다. 알트코인의 종류는 그 인기와 함께 기하급수적으로 늘어났다. 그리고 그 코인들을 거래하는 거래소들도 생겨났다. 그러나, 비트코인을 비롯한 암호화폐는 가격 변동성이 심해서 그 자체로는 실물 경제에 사용할 수가 없었고 암호화폐 거래소들 역시 법정화폐(주로 달러)를 자신들의 거래소에 유입시키는 데 쓰일 수단이 필요해졌다. 그래서 생겨난 것이 USDC, USDT와 같은 민간 스테이블 코인이다.

비트코인은 분산된 네트워크의 승인 과정을 거쳐야 하므로 전송 속도가 느리다는 단점이 있다. 그럼에도 불구하고 비트코인은 최초의 탈중앙화 디지털 화폐라는 상징과 브랜드로 인기 있는 투자 및 자산 축적 수단으로 쓰이고 있다. 반면 최근에 개발된 알트코인들은 전송 속도를 개선하면서 블록체인의 장점들은 살리려고 끊임없이 노력하고 있다.

블록체인 기술을 디지털 화폐에 도입 시 얻는 이점들

① 향상된 보안: 디지털 화폐에 블록체인 기술을 적용하면 모든 거래 기록을 암호화할 뿐만 아니라 분산된 네트워크에 이를 저장하므로 해킹이나 데이터 손실 위험을 낮출 수 있다.

② 투명성 & 신뢰 보장: 블록체인에 기록된 장부는 구조상 실질적으로 변경이 불가능할 뿐만 아니라, 모든 사용자가 열람하고 추적할 수 있다. 이는 화폐 시스템의 투명성과 신뢰 보장을 돕는다.

③ **디지털 확장성 증가:** 블록체인 디지털 화폐는 화폐 자체가 최신 프로그래밍 언어로 구현되어 있으므로 디지털 서비스 구축을 용이하게 한다. 그뿐만 아니라, 블록체인 금융에서는 투명성과 신뢰 구축을 시스템을 통해 자동화하므로 국경을 초월한 자산 연계 디지털 서비스를 무수히 확장할 수 있다.

④ **글로벌 접근성 & 연결 강화:** 블록체인 기술을 활용한 거래는 특정 중개 기관이 필요하지 않기 때문에 은행과 같은 전통 금융 인프라를 갖추지 못한 국가나 지역의 사람들도 금융 서비스에 접근할 수 있게 만든다.

⑤ **거래 비용 감소:** 금융 수수료는 기본적으로 금융기관의 운영 및 유지를 위해 필요한 것인데 블록체인 기술이 디지털 화폐에 접목되면 금융기관의 존재 자체가 필요하지 않게 된다. 그러므로 수수료가 0에 가까워지게 된다. 거래에 소요되는 속도 또한 국제 송금 시 여러 기관을 거치던 것이 개인 대 개인으로 단축되므로 거래 속도 또한 빨라지게 된다.

⑥ **혁신적인 금융 혜택:** 전통적인 금융(디지털 화폐 포함)에서는 자산의 발행과 관리를 국가나 중앙기관과 은행이 독점해 왔다. 그러나 블록체인 기반 금융에서는 개인들의 시스템 참여로 인해 운영되므로 참여도에 따라 인센티브를 나누어 주게 된다. 이것은 전통적인 금융에서 겪어 보지 못했

던 혁신적인 금융 혜택으로 제공될 수 있다.

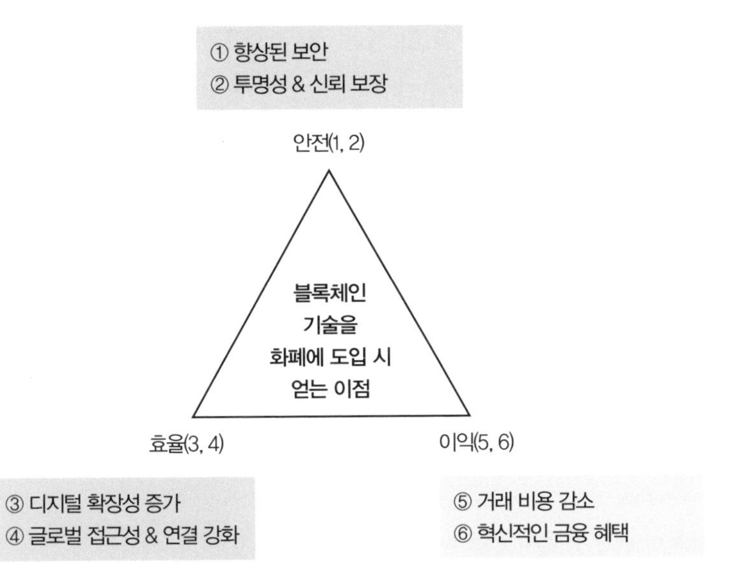

2-2

암호화폐는 권력이다

"암호화폐는 권력이다."

태초의 암호화폐인 비트코인은 금융의 탈중앙화, 탈권력화를 필두로 세상에 등장했다. 그러나 지금은 어떤가? 역설적이게도 이제 암호화폐는 권력이다. 권력은 힘이다. 권력은 사람들에게서 나온다. 암호화폐는 사람들을 모으는 힘이 있다. 권력의 맛을 이미 아는 사람들은 이미 그 사실을 알고 있다. 아래 두 가지 사건은 암호화폐와 관련하여 그들이 이미 그 중요성을 인지했을 뿐만 아니라 이미 행동하고 있음을 전적으로 보여 준다.

1. 미국 증권거래위원회(SEC) 비트코인 현물 ETF 승인 2024년 1월 10일
2. 미국 증권거래위원회(SEC) 이더리움 현물 ETF 승인 2024년 7월 22일

● 정치인들의 영향력을 확대하기 위한 수단

비트코인과 이더리움의 미국 증권거래위원회의 현물 ETF 승인은 이 두 암호화폐가 미국 내에서 합법적인 투자 자산으로 인정받았음을 의미한다. 동시에, 친암호화폐 성향의 미국 정치인들의 입김이 미 증권거래위원회에 작용하였음을 짐작해 볼 수 있다. 친암호화폐 성향을 지닌 미국인의 수는 점점 더 증가하고 있다.

친암호화폐 성향을 보이는 주요 미국의 정치인 및 기업인들

이름	주요 이력 및 행보
도널드 트럼프 (Donald Trump)	• 미국 제45대 대통령 • 미국 제47대 대통령 (2025년 1월~) • 자신의 모습을 담은 다양한 암호화폐 상품 출시 • 암호화폐로 정치 기부금을 받는 창구 개설 • 미국이 암호화폐 산업의 리더가 되어야 한다고 발언
일론 머스크 (Elon Musk)	• 테슬라, 스페이스X, X, 뉴럴링크 등 CEO • 미국 정부효율부(DOGE, Department Of Government Efficiency) 수장 • 자신의 소셜 미디어에 여러 차례 특정 코인을 옹호하는 글을 게재
마이클 세일러 (Michael Saylor)	• 마이크로스트레티지(MicroStrategy) CEO • '비트코인은 미래의 금'이라는 확고한 신념 • 개인적으로 많은 비트코인을 보유 • 의회에 암호화폐 관련 정책 채택을 촉구 • 자신의 프로필 사진의 눈을 레이저 눈으로 바꿈[28]

28) 레이저 아이즈 밈(Laser Eyes Meme)이라고 한다. 기득권에 대한 일종의 반항 의식과 자신이 믿는 것에 대한 확고한 신념과 힘을 나타낸다.

데이비드 베일리 (David Bailey)	• 비트코인 매거진 CEO • 도널드 트럼프 제47대 대통령 선거 당시 트럼프의 암호화폐 고문으로 활동 • 6년 내 비트코인 시가총액이 금 시가총액에 도달할 것이라고 언급
캐시 우드 (Cathie Wood)	• 아크인베스트(ARK Invest) CEO • 비트코인을 장기 투자 자산으로 보고 적극적으로 매입 • 비트코인이 약 5천만 원일 때, 비트코인이 2024년 연말까지 10만 달러(한화 약 1억 4천만 원)에 도달할 것이라고 주장 • 블록체인 기술과 암호화폐가 금융 시스템에 혁신을 가져올 것이라고 강조
신시아 럼미스 (Cynthia Lummis)	• 와이오밍주의 미국 상원의원 • '암호화폐 혁명가'로 불림 • 암호화폐 기업 규제 완화 및 비트코인 ETF 승인 지지 • 다수의 암호화폐 관련 법안 발의
랜드 폴 (Rand Paul)	• 켄터키주의 미국 상원의원 • '암호화폐에 우호적'으로 알려짐 • 비트코인을 법적 지불 수단으로 인정해야 한다는 주장 • 암호화폐 투자 및 관련 기업 지원

이토록 미국의 정치인과 기업인들이 친암호화폐 성향을 내보이는 이유는 무엇일까?

1) 암호화폐 보유자 증가

정치적인 성향은 가지고 있는 자산의 종류와도 관련이 있다. 유권자는 자신이 가진 자산에 대해 유리한 정책을 내는 정당과 정치인들을 지지할 가능성이 높다. 마찬가지로 정치인들도 그가 가장 많이 보유하고 있는 자산(예를 들어 부동산, 주식 등)에 대해 유리한 정책을 입안할 가능성이 높다. 미국만 하더라도 2024년 기준 암호화폐 보유자는 미국 전체 유권자 2.2억 명의 42%에 달하는 9,300만 명이다.[29] 미국인들은 극심한 인플레이션에 시달리고 있으며 2023년 실리콘밸리은행을 비롯한 여러 상업은행 파산을 경험한 바 있다. 기존 금융 서비스에 대한 신뢰 하락은 미국인들로 하여금 암호화폐를 비전이 있는 새로운 투자 자산으로 다시 보게 만들었다.

2) 암호화폐 산업 관계자로부터의 선제적인 지지와 연결고리 확보

암호화폐 산업은 빠르게 성장하고 돈과 관련이 깊은 업종이다. 정치인들은 이 산업 관계자들로부터 정치 후원금과 같은 재정적인 지원을 바랄 것이다. 예전부터 그래왔듯이 주요 기업의 정치적 지원은 단순히 선거 자금만을 지원할 뿐만 아니라 유권자를 결집하고 언론과 마케팅 등 선거와 정책 결정 과정에 다양한 방식으로 영향력을 행사한다. 친암호화폐 성향을 내보임으로써 정치인들은 부상하는 관련 업계와의 연결고리를 남들보다 먼저 확보할 수 있다.

---

29) 출처: security.org, Tom Blackstone – 「2024 Cryptocurrency Adoption and Sentiment Report」, https://www.security.org/digital-security/cryptocurrency-annual-consumer-report/

3) 국경을 초월한 국제적 지지도 확보 가능

암호화폐 산업은 기술 개발 측면에서 빠르게 진화하고 있을 뿐만 아니라 사용량 측면에서도 선진국, 개발 도상국 할 것 없이 전 세계적으로 급속히 확산하고 있는 산업이다. 이는 암호화폐가 국경을 초월하여 쉽게 거래할 수 있는 특성에 기인한다. 정치인들이 암호화폐를 이용하면 국내뿐만 아니라 전 세계 어떤 곳에서도 정치 후원금을 받을 수 있다. 단순히 받는 것을 넘어 그들의 이미지를 활용한 특별한 상징과 의미, 혜택을 담은 암호화폐 상품을 제작하여 판매할 수도 있다. 암호화폐에 대해 잘 알고 활용할 줄 아는 정치인이 된다는 것은 곧 국경을 초월하여 인지도를 넓혀 나갈 수 있는 '플랫폼'을 가진 정치인이 된다는 것을 의미한다.

● 국가의 세계 금융 영향력을 확대하기 위한 수단

1) 화폐의 사용량 및 사용처 확대 측면에서

암호화폐는 달러와 같은 화폐의 영향력을 확대하는 수단이 될 수 있다. 비트코인, 이더리움과 같은 암호화폐는 그 자체가 화폐라기보다는 투자 성격을 지닌 상품으로써 거래소에서 거래되고 있다. 암호화폐 시장은 주식 시장과 달리 365일 동안 휴일 없이 24시간 거래가 가능하기 때문에 많은 돈이 유입된다. 현재 암호화폐 시장에 가장 많이 유입되고 사용되고 있는 화폐는 어떤 화폐일까? 바로 USD, 달러다. 전 세계를 통틀어 가장 많이 암호화폐 구매에 이용되는 통화일 뿐만 아니라 암호화폐 거래소에서 주로 사용되고 있는 스테이블 코인인 USDC와 USDT는 1달러당 1코인의 비율로 달러와 1:1로 연동되어 있다. 달러와 연동되는 스테이블 코인이 늘어날수록 달러의 사용량은 확대된다. 실물 시장에서뿐만 아니라 암호화폐 거래소와 디파이 금융, 블록체인을 이용한 디지털 서비스에 이르기까지 온라인 사용처에 그 영향력을 확대해 나갈 수 있는 것이다. 스테이블 코인을 이용해 암호화폐를 거래하면 다음과 같은 이점을 얻을 수 있다.

암호화폐 거래에 스테이블 코인을 활용하면 얻는 이점들

• 실시간으로 거래 가능: 특정 국가의 법정화폐로 암호화폐를 구매할 때, 해당 국가의 은행 업무시간 및 절차로 인해 거래가 지연될 수 있다. 하지만, 스테이블 코인으로 암호화폐를 구매할 경우 같은 블록체인으로 이루어져 있기 때문에 실시간으로 구매가 가능하다.

• 국경을 초월한 거래 가능: 스테이블 코인으로 암호화폐를 구매할 때 환전 등의 절차가 간소화되므로 수수료 등 거래 비용을 절감할 수 있고 빠르게 구매할 수 있다.

• 새로운 수익 모델 창출: 거래소는 스테이블 코인을 활용해 대출이나 자산 관리 등 새로운 수익 모델을 창출할 수 있다. 사용자들은 거래소에서 스테이블 코인으로 제공하는 다양한 금융 서비스를 활용할 수 있다.

2) 기술적 우위 확보 측면에서

화폐의 형태는 조개껍데기와 같은 자연물을 이용한 원시 화폐에서 금화와 같은 금속화폐를 거쳐 종이 화폐, 은행 시스템을 활용한 신용 화폐에 이르기까지 변혁을 계속해 왔다. 20세기 후반부터는 컴퓨터와 인터넷의 발전으로 전자화폐와 디지털 화폐가 등장했다. 21세기에 이르러서는 비트코인과 같은 암호화폐가 등장했다. 블록체인 기술을 기반으로 한 암호화폐는 탈중앙화와 보안성을 특징으로 하며, 새로운 형태의 디지털 자산으로 주목받고 있다. 다른 산업에서도 그러하듯이 화폐도 기술적 진보의 흐름은 막을 수 없다. 이러한 시대의 흐름을 받아들여 기술적 우위를 선점한 국가들은 그 선점한 영향을 누리게 될 가능성이 크다. 나날이 진보하는 암호화폐 기술들은 시장에서 서로 경쟁하고 있다. 이들 중 일부는 도태될 것이고 일부는 지속적으로 성장하여 살아남을 것이다. 국가는 친암호화폐 정책을 채택하고 해당 산업을 지원함으로써 암호화폐 분야 개발자들의 양성을 촉진할 수 있다. 암호화폐 개발자 커뮤니티가 활성화된 국가는 그 기술이 세계적으로 널리 채택되게 되면 장기적인 이익을 얻을 수 있다. 이는 양성된 개발자들이 지속적으로 해당 기술을 발전시키고 보급하기 때문이다. 이런 국가들은 기술 혁신의 중심지로 자리 잡아 타 국가들과의 기술 격차를 벌리고 전 세계적인 영향력을 확보할 수 있게 될 것이다. 업계 1위의 기업을 가진 국가를 탄생시키는 것은 그 국가 리더들의 시대적 흐름을 읽는 정책적 판단 및 리더십과도 연관이 있다.

3) 국제적 협력 및 규제 주도권 확보 차원에서

암호화폐와 관련하여 위에서 상기한 두 가지 모두를 확보하게 되면 암호화폐 관련 국제기구 및 협의체에서 주도적인 역할을 수행할 가능성이 높아지게 된다. 지금도 국제통화기금(IMF), 세계은행(World Bank), 경제협력개발기구(OECD) 등의 국제기구에서 암호화폐 정책을 논의하고 있다. 암호화폐는 국경을 넘나드는 특성이 강하므로, 국제적인 관점에서 논의해야 할 사항이다. 그러므로 때로는 국제기구의 의사결정 과정에 적극적으로 참여하여 자국의 이익을 대변하고, 암호화폐 정책 수립에 영향력을 행사할 필요성이 있다. 이미 설립된 국제기구뿐만 아니라, 이웃 국가와 암호화폐 관련 협의체를 구성하여 정책 공조와 협력을 이끌어 낼 수도 있을 것이다. 현재는 각국의 암호화폐 규제 체계가 매우 다양하고 불확실하지만, 앞으로는 규제 표준이 일원화될 가능성이 높다. 이때, 자국의 이익을 대변하여 규제 표준을 수립할 당시 아무런 조율 없이 만들어진 정책을 수용할 수밖에 없게 된다면 세계 금융 시장에서 고립될 수밖에 없을 것이다.

● 지하경제의 자금 운용 수단

1) 지하경제 세계에서 암호화폐 사용을 선호하는 이유

감시 가능성 배제

암호화폐는 제3자 금융기관에 자산을 맡기는 것이 아니라 개인이 디지털 지갑을 만들어 직접 보관한다. 송금에서도 제3자 금융기관을 거치지 않고 전송받는 상대에게 직접 전송한다. 이러한 특징은 제3자 금융기관을 통한 감시의 여지를 없앤다. 암호화폐 지갑 주소와 그 주소를 통해 주고받는 내역들은 모두 공개가 되지만 암호화폐 지갑 소유자는 지갑을 원하는 개수만큼 얼마든지 만들 수 있고, 비트코인을 비롯한 특정 암호화폐들은 각각의 지갑 주소에 대해 개인 신원 인증을 실시하지 아니하므로 그 지갑의 주소가 누구의 것인지는 소유주가 공개하지 않는다면 알 수 없다. 이러한 익명성은 지하경제권 사람들에게 암호화폐를 매력적인 가치 저장 수단으로 만든다.

보관 및 축적에 용이

암호화폐가 탄생하기 전에는 지하경제권 사람들의 주 가치 저장 수단은

종이 화폐와 금이었다. 그러나 이것들은 보관이 편리하지 않다. 종이 화폐나 금은 액수가 많아질수록 부피가 커져 도난이나 분실의 위험성이 높다. 그러나 암호화폐를 사용하면 아무리 자산의 액수가 많아지더라도 부피가 커지지도 않고 스마트폰 또는 PC만 있으면 자산의 내역을 언제 어디서든 확인할 수 있다. 암호화폐 사용자의 자산 데이터를 보관하는 블록체인 데이터베이스는 특정 기관의 서버가 아닌 전 세계 다수의 PC 또는 장치에 분산되어 있으므로 천재지변이 닥쳤을 때 자산의 데이터를 잃을 위험성도 일반 현금 대비 현저하게 낮다.

국경 간 송금이 용이

암호화폐는 중개 기관이 필요하지 않으므로 국경 간 암호화폐를 송금할 때 빠르게 송금할 수 있다. 지하경제권 사람 중에서 비공식적으로 해외에 거주하며 일을 하는 사람들은 수시로 해외 송금을 하는 경우가 많다. 송금 횟수가 잦거나 해당 국가에서 해외 송금을 할 여건이 잘 갖추어지지 않은 국가의 사람들일수록 해외 송금 시 발생하는 수수료와 절차가 큰 부담으로 작용할 수밖에 없다. 더군다나 해외 송금 시 중개 기관을 통하여 자금의 이동을 노출해야 하는 상황이 생기는 것을 꺼리는 사람들은 아무리 수수료가 저렴하고 편리하다 할지라도 중개 기관 자체가 없는 암호화폐를 통한 송금을 선호할 가능성이 높다.

2) 국가가 지하경제 세계의 암호화폐 사용을 통제하는 방법들

거래소를 통한 통제

암호화폐의 인기가 많아지자, 암호화폐 종류와 함께 그 암호화폐를 거래하는 거래소들도 많이 생겨났다. 거래소가 생기기 전에는 개인 대 개인이 직접 암호화폐와 법정화폐를 교환하였으나 거래소의 등장으로 암호화폐 거래가 보다 체계적이고 안전하게 이루어졌다. 사람들은 암호화폐 거래를 위해 개인끼리 거래하기보다는 거래소를 주로 이용하기 시작했다. 국가는 암호화폐 거래소를 규제함으로써 무수한 암호화폐의 거래 내역을 모두 감독하지는 못하더라도 거래소를 통해 이루어지는 거래는 통제할 수 있게 되었다. 국가는 또한 거래소를 통해 들어오고 나가는 자국 법정화폐 역시 관리 감독할 수 있다.

국가 암호화폐의 보급

국가는 민간 기업이나 개인이 만든 암호화폐가 아닌 자국 중앙은행이 직접 암호화폐를 발행한 다음 그것을 화폐로 사용하도록 국민에게 권고할 수 있다. 중앙은행이 발행한 디지털 화폐(일명 CBDC, Central Bank Digital Currency)는 비트코인과는 다르게 거래 당사자의 익명성이 보장되지 않는다. 국가가 발행한 디지털 화폐를 사용하는 당사자의 모든 신원 정보와 매칭된 거래 내역은 국가가 관리하는 분산 데이터베이스에 저장된다. 국가는 이 데이터베이스에 저장된 거래 내역을 실시간으로 쉽게 열람하고 추적할 수 있다. 그뿐만 아니라 이러한 진보된 형태의 중앙은행이 관리하는 디지털 화폐는 프로그래머블 기능을 통해 특정 조건이 충족될 때만 사용할 수 있도록 설정한다거나, 특정 지역이나 사용처에서만 사용할 수 있도록 설정할 수도 있고, 사용 기한을 설정할 수도 있다.

암호화폐를 기존 금융시장으로 편입

국가가 암호화폐를 통제하는 가장 빠른 방법은 전 세계적으로 인기 있는 암호화폐를 상품으로 규정하고 그것을 이용한 파생형 금융 상품을 만들어 기존 금융시장에서 사고팔게 하는 것이다. 암호화폐 거래소가 글로벌 회사일 경우 특정 국가에서 통제한다고 전 세계적으로 사용하는 글로벌 거래소를 완전히 규제하기는 힘들다. 그러나 역으로 자국의 사람들이 암호화폐 거래소를 이용하기보다는 더 편리하고 익숙한 기존 금융 회사에서 암호화폐를 거래할 수 있도록 돕는다면 국가는 글로벌 암호화폐 거래소와 씨름할 필요 없이 암호화폐를 제도권 안으로 유입시킬 수 있다. 중앙은행 디지털 화폐를 개발하여 보급하는 것은 오랜 개발 기간과 여론 의견 수렴이 필요하지만, 사람들이 기존에 신뢰하는 금융회사를 통해 수익률이 좋은 암호화폐 상품을 거래할 수 있도록 승인하는 것은 그에 비하면 매우 쉬운 일이다. 이러한 이유로 앞으로 더 많은 국가에서 더 많은 종류의 암호화폐를 이용한 금융 상품이 탄생할 가능성이 높다.

3) 신중하지 않은 국가 주도의 암호화폐 통제가 낳을 수 있는 부작용들

거래소를 통한 통제 시

암호화폐는 개인이 서로 직접 주고받을 때 국경 간 이동 제약 사항이 없다. 그러나 암호화폐를 다루고 있는 암호화폐 거래소는 국가 정책이나 법의 제약을 받는다. 이러한 이유로 암호화폐 거래소는 규제가 덜하고 상대적으로 자유로운 국가에서 사업을 영위하려고 할 가능성이 높다. 암호화폐 거래소의 이러한 바람은 국가가 암호화폐 거래소를 규제하려는 것과 상반된다. 암호화폐 거래소와 국가 간의 상반된 의견은 종종 법적 공방으로 이어지기도 한다. 실제로 세계 최대 암호화폐 거래소인 바이낸스는 미국 정부와 소송 끝에 암호화폐를 이용한 자금세탁방지법과 관련한 유죄 판결을 받아 43억 달러(한화 약 5조 5천억 원)의 벌금을 납부하고 CEO인 창펑자오는 4개월 징역을 선고받아 교소도에 수감된 바 있다. 암호화폐 거래소에 대한 국가의 통제와 갈등은 암호화폐 산업 규제가 덜 한 지역으로 암호화폐 산업이 이동하는 결과를 초래할 수 있다. 그리고 암호화폐는 바이낸스와 같은 중앙화된 거래소 외에도 수많은 탈중앙화된 거래소를 통해서도 거래할 수 있으며 국가가 통제할 수 없는 새로운 거래 방법의 등장도 배제할 수 없다.

국가 암호화폐의 보급 시

중앙은행 디지털 화폐는 개개인의 프라이버시를 심각하게 침해한다는 반대에 직면해 있다. 특히 민주주의를 기반으로 하는 국가에서는 개개인의 자율성이 점차 강화되는 시대적 흐름에 역행하는 정책이다. 그러므로 기술이 개발되어도 그것을 적용할 정책이 국민의 충분한 공감대를 얻어낼 수 있을지 의문이다. 그런데도 국가가 중앙은행 디지털 화폐를 도입한다면 공공기관과의 계약이나 무역 등의 제한된 영역에서만 시행될 가능성이 높다. 만약 그렇게 된다면 통화의 이원화가 발생하게 된다. 통화의 이원화가 발생하면 금융 시스템의 복잡성을 증가시켜 혼란을 일으킬 수 있다. 화폐, 금융과 관련한 정책에서의 핵심은 국민이 편하게 이용할 수 있는 접근성이다. 중앙은행 디지털 화폐의 보급은 단순히 기술적 접근성만을 고려하는 것을 넘어 심리적 접근성까지 고려하여야 한다.

암호화폐를 기존 금융시장으로 편입 시

비트코인 등 암호화폐를 근간으로 하는 금융 투자 상품은 비트코인 등 암호화폐 시세에 영향을 받는다. 금융상품은 투자한 금융회사의 역량뿐만 아니라 그 근간이 되는 시장 상황에도 영향을 받기 때문이다. 서브프라임 모기지 사태 때 부동산 시장이 흔들리면서 그 금융상품 역시 흔들렸던 것과 마찬가지로 암호화폐 금융상품 역시 그 뿌리인 암호화폐의 시세가 무너지면 같이 무너져 내릴 잠재적인 위험성이 있다. 그런데 지금의 암호화폐는 암호화폐 보유자들의 현금을 이용한 매수 및 매도 흐름으로 시세가 결정되고 있다. 암호화폐 역시 사람들의 경제적 상황이나 신용을 기초로 하고 있는 것이다. 즉, 경기가 살아나서 암호화폐 시장이 활성화되면 암호화폐 금융상품의 수익성도 올라가지만, 경기가 좋지 않아서 사람들의 현금이 고갈되거나 신용이 바닥날 경우에는 암호화폐 가격 하락으로 이어져 암호화폐를 기반으로 하는 금융상품의 수익률 하락으로도 직결될 수 있다.

2-3

암호화폐는 누구를 위한 것이어야 하는가?

● 정부 주도 현행 경제 위기 대응에 대한 구조적 모순과 한계

암호화폐는 사실 권력자들이 권력을 쟁취하는 수단으로서가 아니라, 오히려 그 반대를 위해 탄생한 결과물이다. 2009년 1월 3일 비트코인 제네시스 블록에는 다음과 같은 사토시의 문구가 적혀 있다.

비트코인 첫 번째 블록인 제네시스 블록에 새겨진 문구

"The Times 03/Jan/2009 Chancellor on brink of second bailout for banks"

"더 타임즈 2009년 1월 3일 은행들을 위한
두 번째 구제금융 시행 직전에 있는 재무장관"

사토시 나카모토는 위 글을 자신의 역작 서문에 인용하면서 무엇을 말하고 싶었던 것일까? 비트코인이 탄생하기 직전에 전 세계 사람들에게 고통을 안겨준 2008년 금융위기가 은행 등 기존 금융기관들의 잘못된 관행으로 인해 초래된 사건이었다는 점을 고려한다면, 은행을 비롯한 기존 금융 시스템에 대한 비판의 의미로 위 문구를 사용했을 가능성이 크다. 즉, 사고를 당한 피해자인 국민을 구제하는 것이 아니라, 사고를 일으킨 피의자인 금융기관을 구제하려고 하는 정부의 실태를 비판한 것이다. 그리고, 사고의 원인 제공자였던 기존 금융기관에 대한 대안으로 비트코인을 만들었을 가능성이 크다.

기존 금융 시스템에서 가장 고질적인 문제는 많은 자본을 소유하고 있는 이들은 금융을 이용해 더 많은 자본을 얻기 쉬우므로 자본이 기하급수적으로 늘어나지만, 적은 자본을 소유한 이들은 전체 자본이라는 큰 파이에서 점점 더 작은 부분으로 밀려난다는 데 있다. 이러한 구조적 문제는 단순히 중산층이 파괴되고, 서민 경제가 점점 더 어려워지는 것과 같은 당장 수면 위로 드러나는 문제 외에도 심리적 박탈감과 사회적 불안, 불행, 갈등을 누적시킨다는 문제점을 내포하고 있다.

각국 정부도 이를 인지하고 부자 증세, 양도 및 증여세, 국민에 대한 구제금융, 복지 혜택 등 정부 주도의 친서민 정책을 시행하고는 있지만, 어째서 이러한 적극적인 정부의 개입에도 서민들의 삶은 나아지지 않고 있는 것일까?

정부 주도의 서민들에 대한 구제금융과 복지정책이 극에 달했던 것은 2020년 코로나 팬데믹 때였다. 세계 경제의 기축통화를 담당하는 미국은 2020년 3월 27일 코로나19 팬데믹으로 인한 경제적 위기에 대응하기 위해 케어스 액트(CARES Act)[30] 법안을 제정하여 시행했다. 이때 풀었던 자금은 약 2.2조 달러(한화 약 2,500조 원) 규모로 2008년 세계 금융위기 때 대처 자금으로 풀었던 예산(8,310달러)보다 약 3배 큰 규모였다.[31]

일명 '헬리콥터 머니'라고 불리는 정부 주도의 현금 지원 정책은 미국에만 국한한 것이 아니었다. 이 시기에 전 세계 경제에 중요한 역할을 하는 대부분의 국가가 현금을 발행해서 국민에게 직접 지급했다. 이것은 세계 경제 역사상 전례 없는 화폐 공급이었다.

---

30) 케어스 액트(CARES Act)는 2020년 코로나19 팬데믹 당시에 미국 경제의 심각한 침체 속에서 제정된 대규모 경기부양책이다. 이 법안은 개인에 대한 지원금 지급, 실업 급여 확대, 중소기업 및 대기업에 대한 대출 지원, 의료 분야에 대한 지원 등 광범위한 내용을 포함하고 있으며 총 2.2조 달러 규모로 역대 최대 규모의 돈을 푼 경기부양책이었다. 팬데믹 초기 경제 안정화에는 이바지하였으나, 일시적 지원에 그쳤다는 한계가 있다.

31) 출처: 경제정보센터(KDI), 2021, 〈경제로 세상 읽기〉 - "세계는 왜 헬리콥터 머니를 뿌렸을까?" (https://eiec.kdi.re.kr/material/pageoneView.do?idx=1433)

국가별 코로나19 극복을 위한 대응

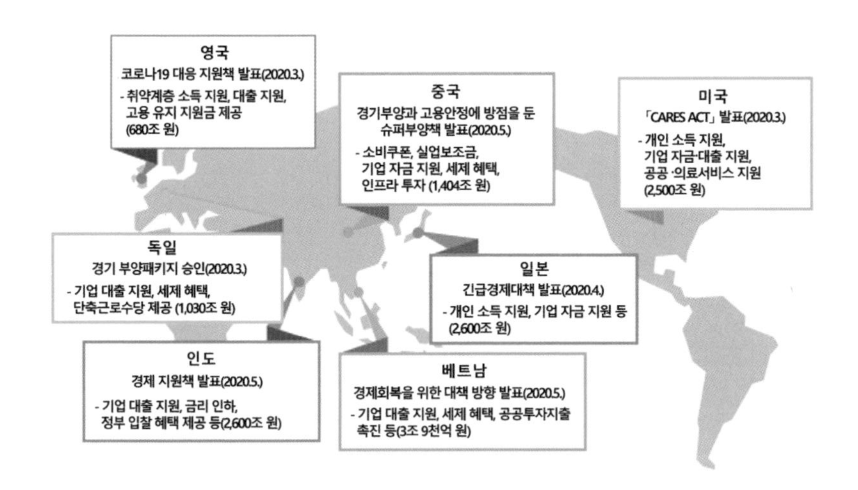

자료: KOTRA, 「코로나19 주요국의 경제·통상정책 동향」(2020.6.)을 바탕으로 재구성

출처: 경제교육·정보센터(KDI) (https://eiec.kdi.re.kr/)

그러나, 대규모 현금 지원 정책은 예상치 못한 결과를 초래했다. 단기적으로는 소비가 촉진되는 등 부양 정책이 효과를 거두는 듯했으나, 전 세계적으로 인플레이션이 급격히 상승하면서 결국에는 국민의 실질 구매력이 크게 떨어졌다. 물가가 빠르게 오르면서 국민의 삶은 점점 더 힘들어졌다. 특히 소득에 비해 감당할 생활비가 늘어난 저소득층과 취약계층은 이러한 인플레이션의 직접적인 타격을 받았다. 정부의 무분별한 화폐 발행과 현금 지원 정책이 오히려 국민 삶의 질을 악화시키는 역효과를 낳은 것이다.

● 국민 주도의 새로운 해법 모색

위기가 생길 때마다 정부가 개입하는 방식으로는 현행 경제 시스템이 가지는 구조적 문제를 효과적으로 해소할 수 없다. 이는 과거의 선례[32]와 연구 결과[33]들이 일관되게 보여 주고 있다. 따라서, 이제는 정부 주도의 해결책을 넘어 국민 주도의 새로운 해법을 경제에 적용하고, 정부는 이를 적극적으로 지원하고 촉진하는 역할에 집중해야 한다. 경제의 주체는 국민이다. 경제 위기에 보다 근본적이고 지속 가능한 해결책은 국민 개개인의 자발적인 노력과 참여에서 찾아야 한다.

'암호화폐'의 탄생과 발전도 경제 위기에 대한 국민의 노력과 참여로 인한 결과물이다. 비록, 과열된 투기의 수단이 되어 가고는 있지만, 정부는 이를 일방적으로 규제하기보다는 이것이 왜 그렇게 되었는지 파악하고 올바른 방향으로 쓰여서 경제에 이바지할 수 있도록 바로잡는 방향으로 국민에게 길을 제시해야 한다. 그리고 암호화폐 전체를 '가상자산' 또는 '투

---

32) 1997년 IMF 외환위기, 2008년 글로벌 금융위기, 2020년 코로나19 팬데믹으로 인한 경제 침체 위기, 2021~2024년 인플레이션 고물가 위기, 가계 부채 위기

33) 「The Limits of Monetary Policy in a Recession」 by John B. Taylor (The Cato Journal, 2009), 「The Limits of Fiscal Policy in a Recession」 by John B. Taylor (Journal of Economic Perspectives, 2009), 「The Limitations of Government Intervention in Economic Crises」 by Robert Higgs (The Independent Review, 2009), 「The Limits of Government Intervention in the Economy」 by Antony Davies and James Harrigan (Journal of Private Enterprise, 2011), 「The Failure of Government Intervention in the Great Recession」 by Peter Boettke and Christopher Coyne (The Review of Austrian Economics, 2015)

자수단'으로만 규정짓는 일반화의 오류를 범하지 않도록 주의해야 한다.

암호화폐 전체를 '가상자산'이라는 명목하에 전체를 하나의 범주로 단순화하여 규정하는 것은 적절하지 않다. 암호화폐가 탄생한 배경과 목적, 그 기능성이라는 측면에서 볼 때 차라리 암호화폐(Cryptocurrency)라고 일컫는 것이 맞다. 이를 통한 정책에서도 주로 이슈가 되고 있는 각 암호화폐의 고유한 기능과 특성을 고려해야 한다. 왜 그 암호화폐가 사람들의 인기를 끌고 있으며 어떤 쓰임으로 사람들에게 도움을 줄 수 있을지를 구체적으로 접근할 때, 보다 정확한 이해와 평가가 가능할 것이다. 암호화폐의 다양성과 그것들이 가진 고유한 특성을 인정하고 이를 반영한 세부적인 정책 수립이 되어야 한다.

그중에서도 현행 경제 시스템이 가지는 구조적 문제를 해결할 방안을 가진 암호화폐는 반드시 국가 차원에서 연구가 필요하다. 먼저, '현행 금융 시스템이 가지는 근본적인 문제'를 함축적으로 설명하면 다음의 그래프와 같이 설명될 수 있다.

지수 함수

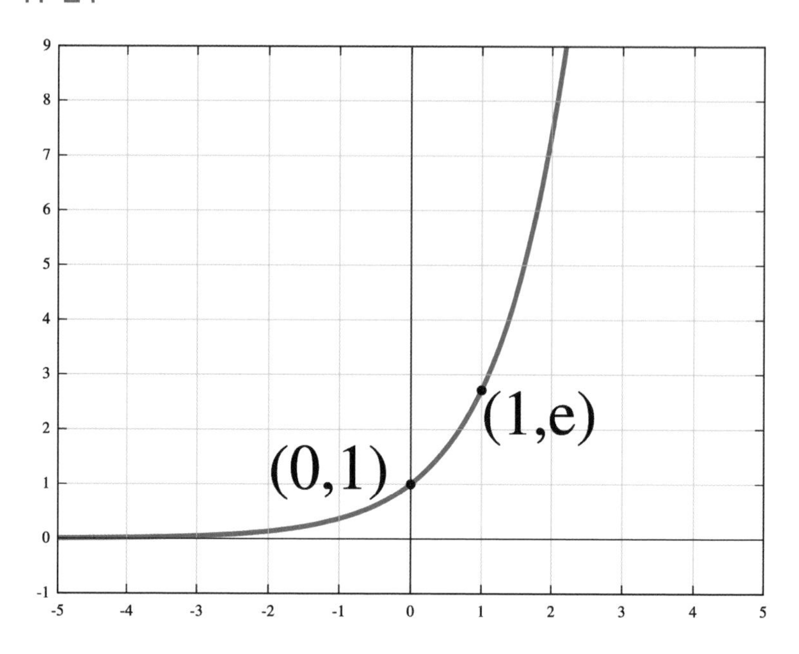

출처: 위키백과, By Peter John Acklam, CC BY-SA 3.0 (https://commons.wikimedia.org/w/index.php?curid=1790833)

현행 금융 시스템의 복리 효과는 '**지수함수**'와 같다. 복리 계산의 기본 원리는 시간이 지남에 따라 이자가 원금에 다시 합산되어 이자에도 이자가 붙는 방식이다. 이를 수학적으로 표현하면 지수함수의 형태를 띠게 된다. 이러한 구조를 가진 금융 시스템에서는 빈부 격차 역시 '기하급수'적으로 벌어질 수밖에 없는 구조이다. 현재뿐만이 아니라, 미래라는 추상적인 개념까지 생각하는 인간의 심리적 성향으로 인해 많이 가질수록 그것을 당장 경제 선순환에 사용하려 하기보다는 미래의 기하급수적인 자본의 증대를 위해 어떤 방식으로든 재투자하려는 경향이 강해지기 때문이다.

비트코인은 총발행량에 제한을 두고 반감기마다 발행량을 줄어들게 만들어 인플레이션을 억제하려고 설계되었다. 그러나, 역으로 비트코인은 인플레이션을 억제하는 대체 화폐로 쓰이기보다는 그 희소성에 의해 법정화폐 대비 비트코인의 가치 상승을 유발하는 결과만을 낳았다. 이것은 또 다른 금융 인센티브의 수단이 되었다. 비트코인은 기존 금융 시스템에 대한 문제제기를 했다는 측면에서 충분히 가치가 있다. 그러나, 처리 속도와 같은 확장성 문제를 제외한다고 할지라도 충분히 생태계가 자리 잡히지 않은 상태에서 화폐가 아닌, 경제 시스템의 지수함수적 성격을 증가시키는 상품이 되어 버렸으므로 현행 경제 시스템의 구조적 문제를 해결할 암호화폐로 적절하지 않다.

이더리움이나 솔라나는 어떨까? 이 두 암호화폐의 공통점은 스마트 계약이 가능하고 확장성이 뛰어나다는 데 있다. 스마트 계약은 실물자산의 토큰화와 같은 혁신적인 분야를 가능하게 하지만, 동시에 또 다른 문제를 야기한다. 발행량을 제한한다고 해도, 부모 체인을 기반으로 만들어진 새로운 코인(이를 토큰이라 함)의 양산으로 인해 암호화폐를 화폐라기보다는 상품이나 증권으로 전락시킨다. 이는 비트코인이 시도하려고 했던 발행량 제한을 통한 인플레이션 억제가 무의미해지는 결과를 초래한다. 더

불어 많은 코인을 예치할수록 코인을 더 많이 획득할 수 있는 구조는 지분을 많이 가진 사람들이 기하급수적으로 자산을 증가시키는 수단으로 사용할 수 있으므로 이들 암호화폐 또한 현행 경제 시스템의 구조적 문제를 해결할 암호화폐로 적절하지 않다.

인센티브를 부여하는 조건에 현행 법정화폐가 관여하게 되면 발행량을 제한한다고 할지라도 법정화폐 자체의 인플레이션으로 인해 그 효과가 희석된다. 제대로 된 사용처 없이 거래소에 상장된 코인들이 여기에 속한다고 볼 수 있다. 그 코인을 기반으로 한 탈중앙화 금융 서비스가 발달하게 되면 복리 효과로 인해 코인 소유의 급격한 불균형까지 더한다. 이는 현행 금융 시스템의 지수함수 인센티브 방식과 전혀 다르지 않다.

'새로운 경제 인센티브 방식으로 제안하는 시스템'을 함축적으로 표현하면 다음과 같은 그래프로 표현할 수 있다.

로그함수

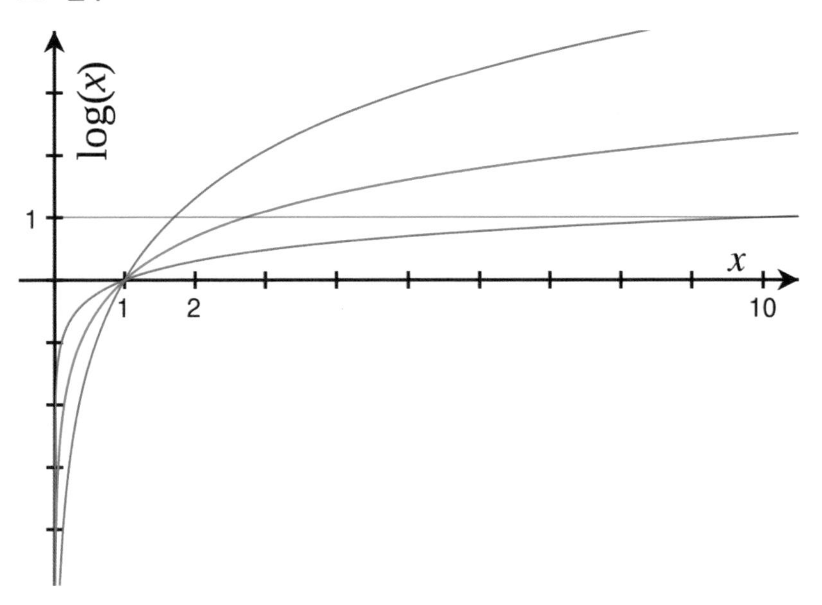

출처: 위키백과, By IllestFlip, 퍼블릭 도메인 (https://commons.wikimedia.org/w/index.php?curid=5394711)

자본의 인센티브가 증가하는 방식을 지수함수가 아닌 **'로그함수'** 방식으로 개선하고, 여기에 사회적 기여도를 산술적으로 더한다면, 기존 경제 시스템의 구조적 문제를 해결할 수 있는 새로운 접근법이 될 수 있다. 지수함수 방식의 인센티브 구조는 금융 소득의 급격한 증가를 유발하여 소득의 불평등을 심화시키는 주요 원인이 되어왔다. 이에 반해, 로그함수 방식으로 인센티브를 제공하면 사회 참여 초기에는 강력한 동기부여 효과를 제공하면서도 점진적으로 속도가 감소하여, 과도한 금융 소득 증가를 방지할 수 있다.

여기에 인플레이션 억제를 위한 일정 기간의 자발적 자산의 잠금(락업)이나 경제 선순환에 도움이 되는 지역 경제에서의 적절한 소비 활동, 공익과 지속 가능성을 위한 사회적 공헌 등의 기여도를 산술적으로 더하는 방식을 병행한다면, 누적된 사회 참여로 인한 개개인의 수익성 증대뿐만 아니라 사회적 가치 창출로 인한 지속 가능성 증가, 국가 경제를 건강하게 만드는 효과도 기대할 수 있게 된다.

경제가 벼랑 끝으로 가는 것이 아닌 최대한 지속 가능한 방향으로 나아가도록 하기 위해서는 화폐의 발행 및 금융 인센티브가 지수함수 즉, 기하급수적으로 증가하는 것이 아닌, 로그함수 즉, 점점 느리게 증가하도록 설계되어야 한다.

로그함수적 경제 시스템은 이미 국민이 참여하고 있는 실험적 경제 시스템에서 찾아볼 수 있다. 따라서 이미 국민이 참여하고 있고, 로그함수적으로 가동되고 있는 경제 시스템을 도입하는 것을 시기적절하게 검토할 필요성이 있다. 이렇게 하면 절벽 끝으로 향하는 경제를 지속성 있는 방향으로 걸어갈 수 있는 경제로 탈바꿈시킬 수 있다.

검토 대상 유력 후보로 국민이 적지 않게 참여하고 있으며, 로그함수적 경제 시스템을 무려 6년 동안 가동하고 있는 곳이 바로 파이 네트워크이다.[34] 2024년 6월 기준 전 세계 6,000만 명 이상이 이미 파이 네트워크에 참여하고 있다. 국내에서는 참여 인원이 200만 명이 넘으며(2023년 12월 기준) 이 수치는 국내 전체 암호화폐 관련 모바일 앱 가입자 규모로 보았을 때 업비트(Upbit)에 이어 2위에 해당한다. 또한, 파이코인의 2024년 11월 기준 국내 오프라인 결제 매장 수는 460곳에 달한다.[35] 모바일에 특화된 성능과 안정성으로 인해 파이코인 결제 매장 채택 수는 전 세계적으로 기존 금융 인프라가 발달되지 않은 국가와 지역을 중심으로 빠르게 증가하고 있는 추세이다.

34) 파이코인은 다양한 요소를 인센티브 요소로 활용하고 있는데, 그중 개인의 핵심 기여는 채굴 세션 수(번개 터치 수)이다. 파이코인은 채굴 세션 수에 로그(log) 공식을 접목한다. 아무리 채굴 세션이 많이 누적되더라도 그에 비례하거나 기하급수적으로 보상을 증대시키지 않는다. 또한, 인센티브에 추가로 적용되는 락업 보상은 가진 코인의 절대 금액이 아닌, 이체된 코인 잔액의 비중(백분율)으로 적용되며 잠금 기간을 최소 2주부터 3년까지 설정하게 되어 있다. 파이코인의 적절한 비중의 잠금기간 설정은 파이 네트워크 생태계 내에서 사용되는 코인에 대한 과도한 인플레이션을 방지한다.

35) 출처: 파이스토어(https://www.pistore.info/)

대한민국 파이코인 결제매장 현황 - 2024년 11월 기준

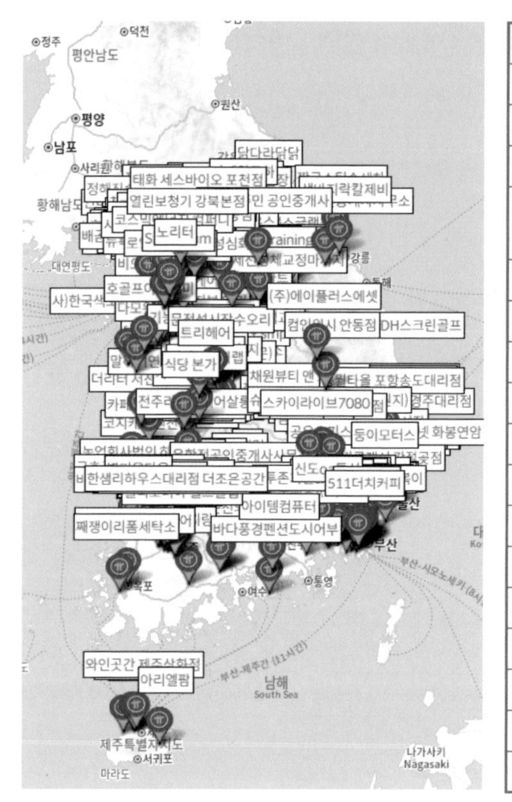

카테고리	매장 수
PC, 노트북, 게임	6
가전, 스마트폰	19
패션, 잡화	30
피부, 헤어, 미용, 화장품	59
건설, 인테리어, 부동산	50
외식업, 카페	84
자동차 관련	31
여행, 레저, 도서	17
숙박	6
의료 관련	8
법률 행정 서비스	3
사주, 운세, 작명, 타로	7
스포츠, 취미, 건강	39
식품, 건강식품 등	31
사무기기	6
기타	64
합계	**460**

출처: 파이스토어(https://www.pistore.info/)

Part 3.

파이코인의 탄생, 암호화폐의 새로운 패러다임

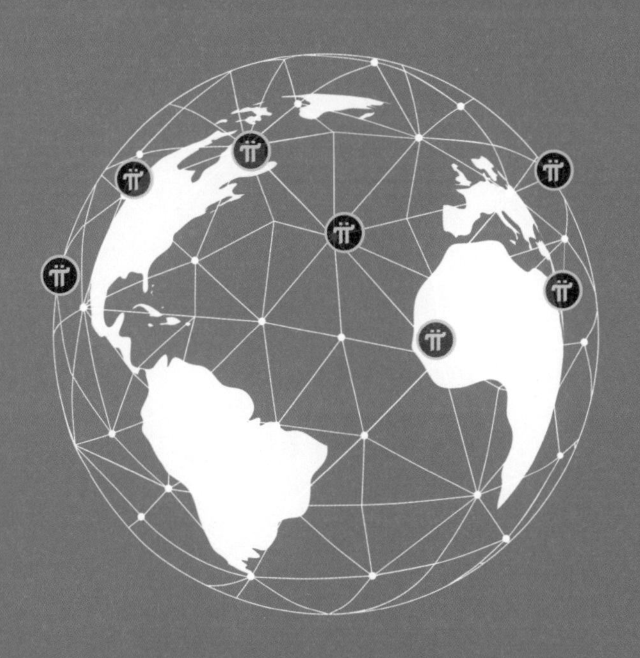

3-1

생태계 형성을 촉진하는 파이 네트워크의 주요 특징

● 커뮤니티 기반 분산형 네트워크

2024년 7월 19일 마이크로소프트(MS)의 클라우드 서버에서 장애가 발생했다. 이로 인해 전 세계 공항, 병원 등 실시간으로 운영되어야 할 전산망조차도 멈춰 버리는 현상이 발생했다. 피해는 심각했다. 마트, 식당과 같은 소규모 매장의 결제 시스템까지 멈추었기 때문에 소상공인들 역시 큰 손해를 입었던 사건이었다.[36)]

이러한 서버 장애 사건은 특정 기관의 중앙화된 네트워크에만 의존했을

36) 출처: 펜앤드마이크, 2024, 선우윤호 기자 – "세계가 멈췄다"...마이크로소프트 서버 장애로 마트 · 응급실도 피해 속출(https://www.pennmike.com/news/articleView.html?idxno=84708)

때 생기는 문제점을 보여 준 사례이다. 암호화폐에서 사용되는 탈중앙화 기술은 이를 해결하기 위한 좋은 방안이 될 수 있다. 암호화폐의 블록체인과 같은 탈중앙화된 네트워크는 데이터를 여러 노드(Node)에 분산 저장한다. 이렇게 하면 특정 서버나 기관에 장애가 발생하였더라도 다른 장애를 겪지 않은 노드를 통해서 백업된 데이터가 복구되므로 전체 시스템은 영향을 받지 않게 된다. 이러한 구조는 해당 네트워크를 사용하는 서비스의 안정성을 높이고 결과적으로 네트워크에 대한 신뢰성을 높인다.

중앙화, 분산화, 탈중앙화 구조

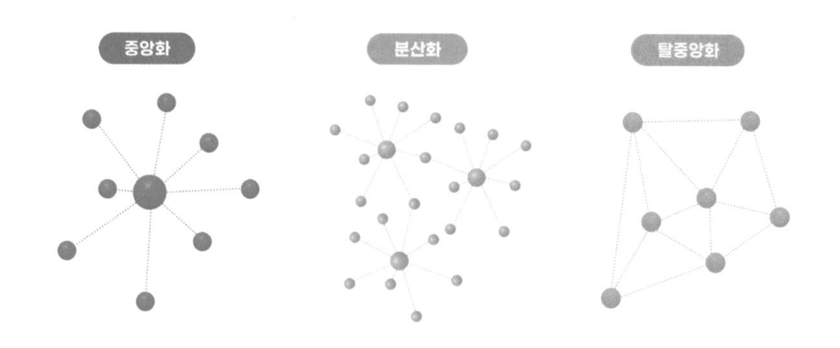

파이 네트워크는 2024년 6월 28일 기준으로 전 세계에서 가장 큰 분산 네트워크 중 하나로 성장하였다. 파이 네트워크를 운영하는 노드는 20만 개 이상이며 총 100만 개가 넘는 CPU를 보유하고 있는 것으로 추정

된다.[37] 그런데도 5초 미만의 거래 처리 속도를 자랑한다. 이러한 안정성과 사용성으로 인해 실생활에서 안전하고 활발하게 파이코인을 활용한 거래가 이루어지고 있다.

파이 네트워크가 도입한 SCP(스텔라 컨센서스 프로토콜) 합의 알고리즘은 처음부터 대규모 분산 네트워크를 염두에 두고 설계되었다. 이러한 이유로 많은 수의 노드가 운영되고 있어도 높은 처리량과 빠른 거래 속도를 가질 수 있는 것이다. 여기에 추가 확장 솔루션을 도입하게 된다면 더 좋은 성능을 기대해 볼 수 있다.

블록체인 노드에 있어서 비트코인은 미국과 유럽을 중심으로 분포 및 운영되고 있는 반면, 파이코인은 한국과 일본, 베트남과 같은 아시아권 국가들을 중심으로 분포 및 운영되고 있다. 파이코인 노드가 집중적으로 분포하는 이러한 아시아권 국가들은 민족, 국가, 가족에 대해서 강한 유대감을 가지고 있다는 문화적 유사성을 가지고 있다. 동양의 국가들은 서양의 개인주의적인 성향과는 달리 공동체적인 가치관이 매우 강한 국가들이다. 이들 국가에서는 강한 유대감을 바탕으로 형성된 커뮤니티의 도움으로 쉽게 노드를 설치할 수 있다. 블록체인 기반 새로운 경제 시스템 구축은 이러한 협력적 자세와 일반인들의 자발적 참여가 선행될 때 가능해진다.

37) 파이 네트워크, https://minepi.com/blog/node-version-update/

전 세계 비트코인 노드 수와 분포

순위	국가	노드 수	글로벌 비트코인 노드 분포도
1	미국	1,774	
2	독일	1,741	
3	프랑스	415	
4	국적미상	404	
5	네덜란드	335	
6	핀란드	309	
7	캐나다	283	
8	영국	218	
9	싱가포르	209	
10	스위스	167	
총 노드 수		**7,643**	

출처: https://bitnodes.io/, 2024년 7월 23일 업데이트 자료

전 세계 파이코인 노드 수와 분포

순위	국가	노드 수	글로벌 파이코인 노드 분포도
1	대한민국	30,489	
2	일본	29,857	
3	베트남	24,534	
4	중국	21,056	
5	싱가포르	17,488	
6	미국	15,881	
7	대만	2,926	
8	몽골	1,710	
9	홍콩	1,597	
총 노드 수		**232,218**	

출처: 파이노드코리아(https://cafe.naver.com/pinodekorea), 페이스북(https://www.facebook.com/onepioneworld/photos/global-pi-nodes-distributionmap-shows-concentration-of-reachable-pinodes-found-/395304002146876/), (https://dashboard.pi-blockchain.net/), 데이터: 2024년 6월, 그림: 2021년 9월 업데이트 자료

● 시스템 이원화를 통한 유연성 극대화

파이 네트워크가 개인 컴퓨터(PC) 서버로 운영되는 탈중앙화 네트워크의 핵심인 노드 참여자 수를 대규모로 확보할 수 있었던 배경에는 파이 네트워크 모바일(Mobile) 앱이 중요한 역할을 했다. 이 모바일 앱은 사용자가 24시간마다 번개 모양의 버튼을 터치하면 파이코인이 채굴되는 방식으로 운영된다. 여기서 채굴된 파이코인은 데이터 파이(Data Pi)로, 실제 거래에 사용되는 온체인 파이(On-Chain Pi)와는 구분된다. 보안 써클 구성, 홍보, 생태계 참여, 노드 운영 등 다양한 방식의 기여는 채굴 공식의 인센티브에 적용된다. 이렇게 채굴하여 모은 데이터 파이는 신원확인을 거쳐 메인넷으로 이동된다. 파이코인은 환경에 따라 유연하게 구조를 이원화하여 많은 사용자가 쉽게 참여할 수 있도록 하였고 결과적으로 블록체인의 핵심 구성요소인 노드 참여자 수도 대규모로 확보하였다.

파이 네트워크의 이원화 설계

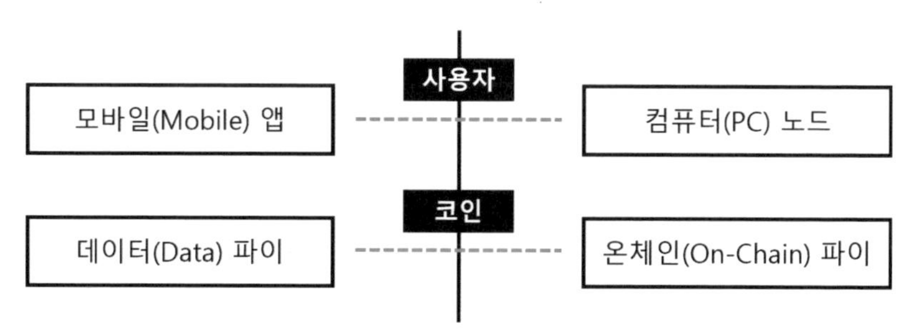

● 1인 1계정 준수와 폐쇄형 메인넷

폐쇄형 메인넷 기간은 파이코인 사용자들로 이루어진 커뮤니티가 파이코인 실물 경제 생태계를 형성해 왔다는 생생한 증거이다. 이 기간 덕분에 기존 경제 시스템의 간섭 없이 새로운 경제 시스템에 대한 성공적인 실험이 이루어질 수 있었다. 이 실험 기간과 결과는 암호화폐를 실물 경제 시스템에 적용하는 데 필요한 귀중한 사례로써 그 자체만으로도 충분한 가치를 지니고 있다.

파이코인의 폐쇄형 메인넷 기간에는 타 블록체인이나 암호화폐 거래소와의 연결은 API 호출 시 방화벽을 통해 차단되며, 다음과 같은 용도로만 파이코인의 사용이 허용되었다.

파이코인 폐쇄형 메인넷에서 허용되었던 부분

1. 파이 앱을 통한 상품 및 서비스 이용
2. 상품 및 서비스에 대한 사용자 간 직접 거래 (Pioneer-to-Pioneer)

다음의 용도로 사용되는 것은 엄격히 금지되었으며, 방화벽을 통한 차단 이외에도 적발 시 100년간 파이코인 지갑이 동결되는 페널티가 있었다.

파이코인 폐쇄형 메인넷에서 금지되었던 부분

1. 파이(Pi)를 다른 법정화폐로 교환
2. 파이(Pi)를 다른 암호화폐로 교환
3. 나중에 법정화폐나 다른 암호화폐로 교환 받기 위해 선 파이(Pi) 지불

파이코인 100년 지갑 동결 사례

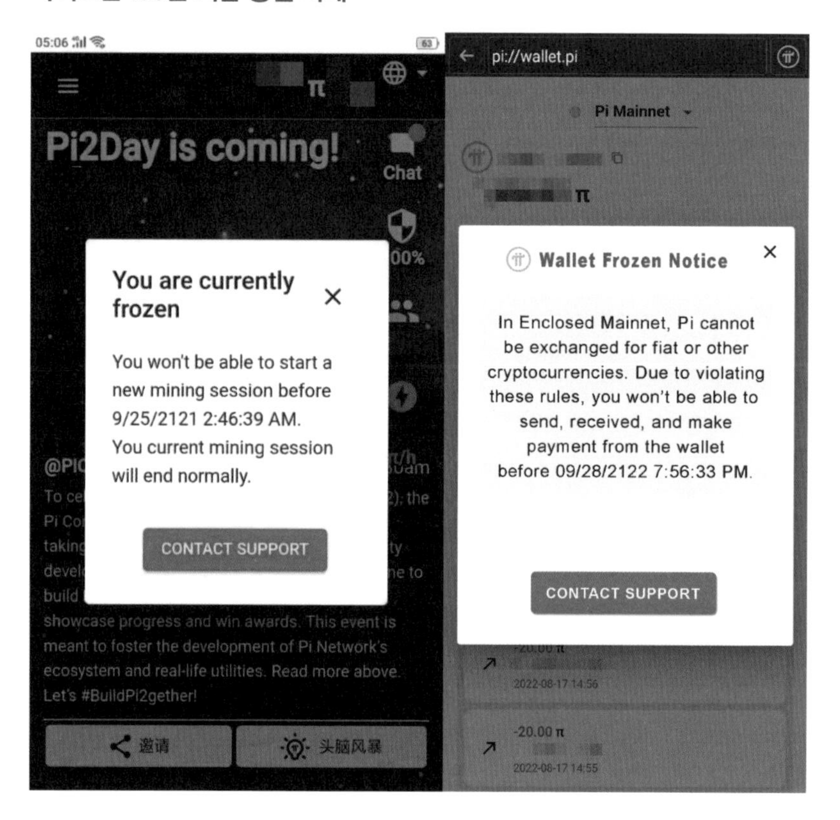

파이코인 폐쇄형 메인넷 기간에는 파이코인을 현금을 주고 거래하거나 다른 암호화폐로 교환하는 것은 엄격히 금지되었으며 이를 어길 경우, 위 사진과 같이 채굴 버튼(번개 모양 아이콘)이 주황색으로 바뀌며 100년간 채굴이 금지되고, 웹 지갑에서도 알림이 뜨면서 지갑 사용 역시 제한된 사례가 있었다.

출처: 페이스북, Pi Network Newsroom (https://www.facebook.com/photo.php?fbid=183362610866400&id=100075779864132&set=a.176003691602292), Pi-Network Connect (https://www.facebook.com/Piblockchain/photos/a.114849064126690/366310502313877/?_rdr)

파이코인 폐쇄형 메인넷은 사용자들이 파이코인을 실물 경제에 사용하고, 그 자체의 용도와 가치를 직접 체험하게 함으로써 파이코인의 생태계 쓰임과 신뢰를 다져 나가게 하는 데 중요한 역할을 하였다. 실제로 파이코인은 지속 가능한 경제 시스템을 구축하는데 필요한 데이터와 경험을 상당 기간 축적하였으며, 이는 암호화폐를 활용한 디지털 경제 생태계 구축의 본보기로도 충분한 가치가 있다. 파이코인은 3년 이상 동안 사용자들이 파이코인을 투기적인 목적으로 사용하기보다는 실제 상품과 서비스 거래에만 활용하도록 유도하였다. 이러한 실험적인 접근은 파이 앱의 기능을 강화하고, 가짜 계정을 판별할 수 있는 충분한 시간을 제공했다. 또한, 기존 화폐 시스템의 개입 없이 암호화폐 자체의 실물-디지털 경제가 탄생할 수 있는 초석을 마련하였다.

파이코인 사용자는 폐쇄형 메인넷 기간에는 파이 브라우저를 통해서만 탈중앙화 앱에 접속이 가능했다. 익명의 지갑 계정을 무한히 생성할 수 있고, 서드파티[38] 앱과 연결하여 생태계에 접속하는 비트코인이나 이더리움 호환 계열 블록체인 생태계와는 달리, 파이 생태계는 인증된 단일 계정으로만 파이 브라우저와 연결하여 파이 생태계에 접속이 가능하다. 이 때문에 파이 생태계는 1인 1계정이 기본 전제가 된다. 2021년부터 2022년 테라 루나 사태와 FTX 거래소 사태가 거품을 터뜨릴 때까지 전성기를 누렸던 디파이 열풍의 심각한 문제점 중 하나는 다수의 익명 계정을 통한 부정행위가 무분별하게 행해졌다는 것이었다.

파이코인은 코인 잔액이 이전되는 단일 통로 상에 KYC[39] 프로세스를 배치함으로써 다중 계정을 통한 부정행위를 원천적으로 방지했다. 파이코인의 KYC 앱은 파이 브라우저의 기본 앱으로 내장되어 있다. 코인 거래소의 KYC나 타사 앱을 이용해야 1인 1계정 원칙이 준수되는 비트코인이나 이더리움 계열과는 차별된다. 1인 1계정을 준수한 앱 이용이 전제될 경우, 실명 인증을 통한 금융 거래는 더욱 용이해진다. 이를 통해 다수의 익명 계정으로 사용이 가능했던 탈중앙화 금융 서비스와는 차별된 안전한 블록체인 기반 금융 서비스가 가능해지는 것이다.

---

38) 서드파티(Third Party)는 원천 플랫폼이나 서비스에서 공식 출시한 것이 아닌, 외부 기업이나 개발자에 의해 출시된 앱이나 서비스를 말한다. 서드파티 앱은 원천 앱이나 서비스를 사용함에 있어서 사용자 편의나 기능 추가를 위해 개발되지만, 호환성 문제나 보안 취약성이 생길 수 있는 잠재적 위험이 있다.

39) KYC(고객 확인 절차, Know Your Customer)는 금융기관이 고객의 신원을 확인하기 위해 수행하는 절차이다. 이 과정은 국가별 법적 요구 사항 준수, 자금 세탁 방지, 테러 자금으로의 이동 방지, 고객과의 신뢰 구축 등을 목적으로 한다. 주로 고객의 국가에서 인증하는 신분증 등을 제출 받아 진행된다. KYC 절차는 개인정보 보호 법률을 준수하여 진행되어야 하며, 고객의 동의 없이 고객의 정보를 타인에게 공유할 수 없다.

파이코인의 폐쇄형으로 성장한 생태계와 개방형으로 성장한 생태계는 반대되는 성격을 가진다. 폐쇄형으로 성장한 생태계는 타 암호화폐 및 법정화폐와의 교환이 원천적으로 차단되었기 때문에 실물 경제에 거래 수단으로 사용되거나, 1인 1계정이 원칙인 디지털 서비스와 실명 금융 거래에만 사용될 수 있었다. 이러한 이유로 실생활에 적용될 수 있는 다양한 디앱(Dapp)들이 이 시기에 탄생했다. 반면, 개방형 생태계에서는 다양한 암호화폐 및 법정화폐와의 자유로운 교환이 가능하므로 중앙화 거래소, 탈중앙화 금융 서비스와의 통합이 활발히 이루어질 가능성이 높다. 이렇게 폐쇄형으로 성장한 생태계와 개방형으로 성장한 두 생태계는 상호작용하면서 큰 시너지를 불러올 것으로 기대된다.

기존 암호화폐 생태계 흐름도

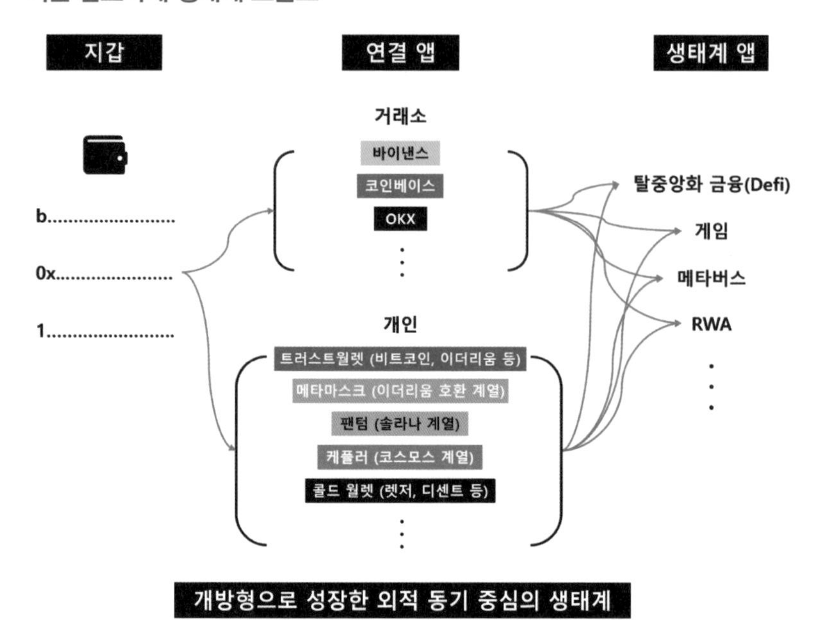

파이코인 생태계 흐름도

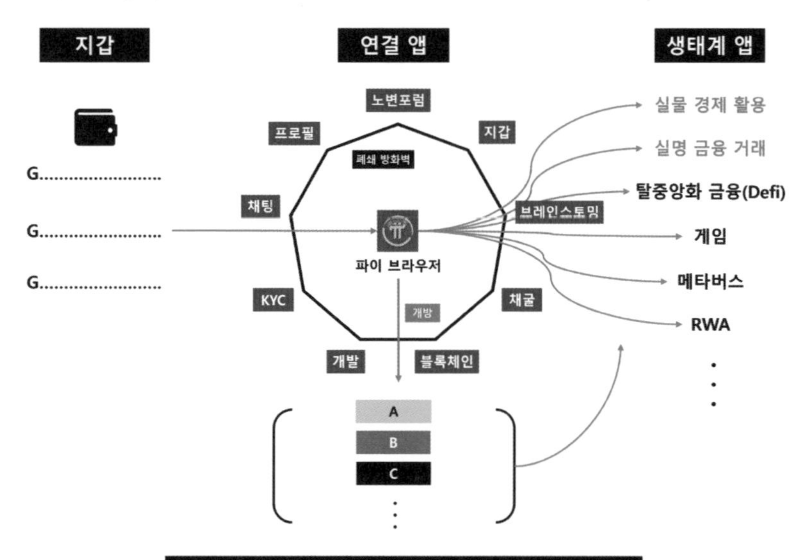

지갑
연결 앱
생태계 앱
노변포럼
프로필
지갑
폐쇄 방화벽
채팅
브레인스토밍
G.........................
G.........................
G.........................
파이 브라우저
KYC
채굴
개방
개발
블록체인
실물 경제 활용
실명 금융 거래
탈중앙화 금융(Defi)
게임
메타버스
RWA
A
B
C
폐쇄형&개방형으로 성장한 내&외적 동기 생태계

3-2

위기 극복의 대안이 되는 코인

● 화폐를 재정의할 수 있는 코인

비트코인은 이미 화폐로 사용하기보다는 자본 축적에 초점을 맞춘 자산이 되었다. 비트코인은 새로운 디지털 화폐가 아니라 담을수록 점점 더 커지는 화폐 주머니에 더 가깝다. 인플레이션으로 인해 화폐의 가치가 떨어지고 자산 보호에 대한 욕구가 증가할수록 안전하게 자산을 보관하고 비축하려는 사람들, 더 나아가 기관과 국가의 필요는 기하급수적으로 증가했다. 인플레이션을 겪는 화폐 대비 비트코인의 가격은 상승하는 패턴을 보여 왔다. 비트코인은 인플레이션으로부터 자산 손실을 막는 수단이자 유망한 투자 상품이 되었다.

2024 비트코인 컨퍼런스에서 연설하는 도널드 트럼프

"Bitcoin and crypto will grow our economy cement American Financial dominance."

"비트코인과 암호화폐는 미국의 금융 지배력을 확고히 하고 경제를 성장시킬 것입니다."

(중략)

"I am announcing that if I am elected it will be the policy of my Administration United States of America to keep 100% of all the Bitcoin the US government currently holds or acquires into the future … This will serve in effect as the core of the Strategic National Bitcoin stockpile."

"제가 대통령이 된다면, 미국 정부가 현재 보유하고 있고, 앞으로 보유하게 될 모든 비트코인의 100%를 유지할 것입니다 … 이것은 전략적 국가 비트코인 비축의 핵심 역할을 할 것입니다."

- 2024년 7월 28일, 도널드 트럼프

출처: 유튜브 LivNOW from FOX 채널(https://www.youtube.com/watch?v=1HHQPD-Lb5o)

반면에, 파이코인은 인플레이션으로 인한 자산 손실을 막는 수단보다는 솔루션에 가깝다. 자산의 활용과 순환을 촉진하여 문제를 해결할 수 있도록 설계된 솔루션인 것이다. 파이코인은 '화폐를 재정의'할 수 있는 코인이다.

법정화폐로의 교환이 제한된 파이코인 폐쇄형 메인넷에서 이루어지는 상품과 서비스 거래들은 돈의 적고 많음이 아닌, 사람과 사람 간의 협력이 행복의 본질임을 상기시킨다. 이 모든 행위는 돈 자체가 행복이 아니라, 사람과 사람 간의 관계와 상호작용이 경제적 순환과 행복을 창출하는 핵심 요소임을 보여 준다. 어쩌면, 우리에게 필요한 것은 더 많은 돈을 찍어내는 것이 아니라, 돈에 대한 정의를 다시 내리는 것일지도 모른다. 경쟁의 결과물이 아닌, 서로가 존중하고 협력하는 관계의 매개체로서의 돈으로 말이다.

파이코인을 결제에 사용하는 시민들

출처: 프렌즈아카데미 광명KTX점(https://blog.naver.com/friends_academy_gm/223287607560), 밍재님 블로그 박씨물고온제비(https://blog.naver.com/min52sun/223513420345), 책과향기(https://blog.naver.com/bnp2019)

출처: 퓨쳐 파이 유튜브 채널(https://www.youtube.com/@futurepi)

그러나, 이러한 인식을 개인이 스스로 변화시키는 것은 사실상 불가능에 가깝다. 돈에 대한 관념은 우리의 사회적, 문화적 맥락에 깊이 뿌리내리고 있기 때문에 개인의 노력만으로는 한계가 있다. 따라서 개인들 공동체의 노력과 함께 국가 차원에서의 체계적인 노력이 필요하다. 파이코인을 통해 국민 스스로가 쌓아 올리기 시작한 돈에 대한 긍정적인 의미와 가치를 재조명하고, 협력과 공동체 중심의 경제 모델을 확산시키는 정책을 추진해야만, 사람들이 돈에 대한 새로운 관점을 받아들일 수 있는 토대가 마련될 수 있다.

국민 경제 질서와 복지, 행복에 대한 문제를 **'재정적 패러다임'**으로만 바라본다면, 그 틀을 넘어서는 정책적 아이디어 역시 제한된 틀 안에서만 머물 것이다. 하지만, 경제 질서에 따른 국민 행복의 문제를 **'사회적 패러다임'**으로 전환하여 바라본다면, 국민을 위한 정책적 아이디어 역시 더 광범위한 해결책을 제시할 수 있다. 예컨대, 복지를 위한 예산안을 심의할 때 전자에만 생각을 국한하여 심의한다면, 지금까지 늘 그래왔듯 그 예산 확보에 대한 재원 문제에서 발목이 잡힐 것이다. 반대로 후자의 관점에서 심의한다면, 예산 확보에 대한 고민 없이 소비에 쓰이는 돈을 혁신적으로 줄여 국민 행복 증진을 도모할 수 있다.

복지에 대한 두 가지 패러다임

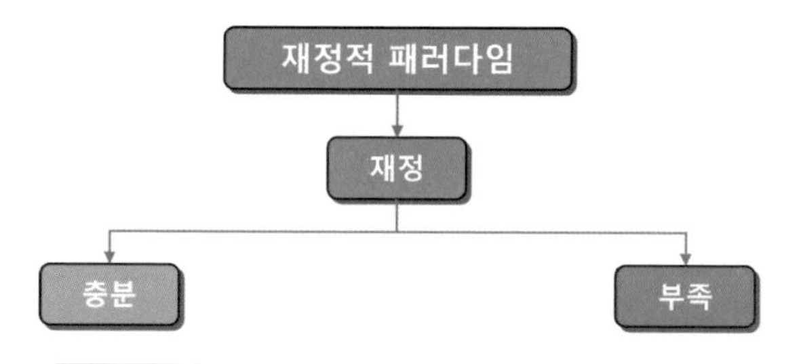

- ✓ **재정적 지원**에 대한 **재원 문제**에 **봉착**하게 됨.
- ✓ 재정적 부족을 채워줘야 하는 **정량적 해결책에만 한정** 짓게 됨.
- ✓ 지원금이 소모됨에 따라 **효과가 일시적 기간에 그침**.
- ✓ 재정적으로 풍족하면 행복도 증진될 것이라는 **돈의 인식에 대한 고착 심화**

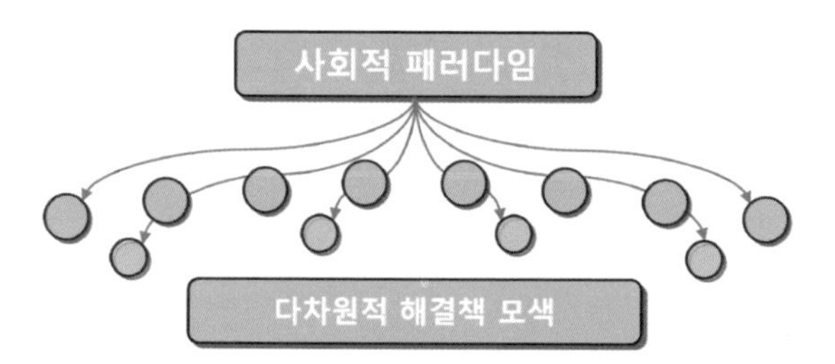

- ✓ **사회적 근본 이슈**들을 **관통**하는 **해결책을 모색**하게 됨.
- ✓ 재정적 지원에 국한하지 않는 **정성적, 정량적 해결책 모두 논의**
- ✓ 미래 지향적인 해결 방안을 추진함에 따라 **장기적이고 지속가능한 효과** 기대
- ✓ 사람 간의 관계와 상호작용에 대한 매개체로서 **돈에 대한 인식을 재정의**

● 탈중앙화 온체인 소셜 네트워크

파이코인은 태생 자체가 탈중앙화된 소셜 네트워크를 구현하기 위해 태어난 코인이다. 파이코인의 웹3.0 소셜 네트워크 서비스, 블록체인, 사용자는 상호 보완하는 관계로 연결되어 있다. 파이코인은 이미 인간 존재와 관계를 중심으로 블록체인이 설계되어 있다. 서로 간에 신뢰를 확신하는 신호를 주기적으로 전송하지 않으면 파이코인 메인넷은 유지될 수 없게끔 설계되어 있다. 즉, 인간 활동이 기본적으로 전제가 되어야 한다. 번개(채굴) 버튼을 누르는 인간 최소한의 활동이 보장된 상태에서, 사람 간의 소통과 교류는 다시 생태계 활동 촉진으로 이어진다. 더 많은 사람의 존재 증명은 블록체인의 안정성과 보안을 강화한다. 이것은 다시 파이코인 웹3.0 서비스의 안정성으로 이어진다. 이러한 순환은 파이코인을 단순한 블록체인 서비스가 아닌 새로운 패러다임의 소셜체인 서비스로 만든다.

파이코인의 블록체인과 유저, 소셜 네트워크 간 상호 관계

파이 네트워크는 유저 아이덴티티와 소셜 네트워크, 블록체인 기술을 완벽히 융합한 소셜체인 서비스이다.

이렇게 유저 아이덴티티와 블록체인 기술을 융합한 파이코인의 웹3.0 소셜 네트워크 서비스는 기존 중앙화된 웹2.0 소셜 네트워크 서비스의 문제를 해결한다. 기존 소셜 네트워크 서비스가 가지고 있는 대표적인 문제점들은 아래와 같다.

기존 웹2.0 소셜 네트워크의 문제점

1. 개인의 익명성 보장 & 난무하는 허위 정보, 선정적 내용 및 스팸 콘텐츠 간의 딜레마
개인의 익명성은 온라인이라는 특수한 환경에서 누릴 수 있는 자유이다. 시대는 자유를 통제하는 쪽에서 자유를 보장하는 방향으로 변화하고 있다. 소셜 네트워크 서비스 또한 개인의 자유를 보장하는 방향으로 발전할 가능성이 높다. 그러나, 개인의 익명성이 보장된 소셜 네트워크 서비스들은 허위 정보, 선정적 내용, 스팸 콘텐츠로부터 사용자들의 안전을 지켜야 한다는 딜레마에 처해 있다.
2. 중앙화된 특정 기관으로부터의 콘텐츠 검열
웹2.0 소셜 네트워크 서비스에서 악성 콘텐츠에 대한 신고를 받고 조치를 해야 하는 주체는 결국 해당 서비스를 운영하는 회사이다. 이 과정에서 어쩔 수 없이 유저 콘텐츠에 대한 회사의 검열이 발생한다. 그러나 이러한 검열은 때때로 사용자들의 표현의 자유를 제한할 수 있으며, 불공정하거나 편향된 기준으로 인해 다양한 목소리가 차단될 위험이 있다. 특히, AI 기반의 콘텐츠 검열 시스템이 도입되면서 알고리즘 편향성이 SNS의 주요 문제로 지적되고 있다. AI는 과거 사용자의 데이터를 학습하여 판단을 내리기 때문에 사용자를 특정 정치적 색채나 사회적 편견을 가진 인간으로 몰고 갈 수 있다.
3. AI 알고리즘의 부작용과 불공정한 보상
표적화(타기팅) 광고와 불공정한 수익 분배의 문제점도 간과할 수 없다. 사용자의 개인 정보를 기반으로 한 맞춤형 광고는 사용자들의 입맛에 맞는 광고를 취사선택하여 보여 준다는 효율적인 부분도 있지만, 특정 광고를 노출하는 과정에서 사용자들은 비슷한 콘텐츠에 지속적으로 노출될 수 있다. 대규모 플랫폼에서 광고 수익은 주로 인기가 있거나 자극적인 콘텐츠에 집중되는 부작용을 초래하기도 한다. 이는 정보의 다양성과 소비자의 선택권을 제한할 뿐만 아니라, 신규 창작자들이 양질의 콘텐츠를 생산할 동기를 저하할 수 있으며 결과적으로 플랫폼의 다양성과 혁신에 악영향을 줄 수 있다.

마크 저커버그가 청문회에서 페이스북으로 인한 피해자들에게 사과하는 모습

2024년 1월 31일 미국 상원에서 열린 청문회에서 마크 저커버그가 그가 운영하는 SNS에 게재된 악성 게시글로 인해 피해를 보거나 목숨을 잃은 자녀들의 가족에게 사과하고 있다.

출처: ABC News 유튜브 – Moment Mark Zuckerberg apologizes to families of children harmed online (https://www.youtube.com/watch?v=8ylsjUXk7AQ)

파이코인 웹3.0 소셜 네트워크의 해결책

1. 개인의 익명성 보장 & 난무하는 허위 정보, 선정적 내용 및 스팸 콘텐츠 간의 딜레마 해결

파이코인에서의 KYC 신원 인증 절차는 개인의 익명성을 방해하는 요소가 아니라 공정한 코인 분배를 위해 필요한 과정이다. 파이코인 KYC는 사용자가 실제로 존재하는 개인임을 확인하는 절차이지 다른 사용자들에게 개인의 신원을 노출시키기 위한 시스템이 아니다. 파이의 기본 앱인 프로필에서는 자신의 실명을 숨기거나 노출할 수 있는 기능이 있다.

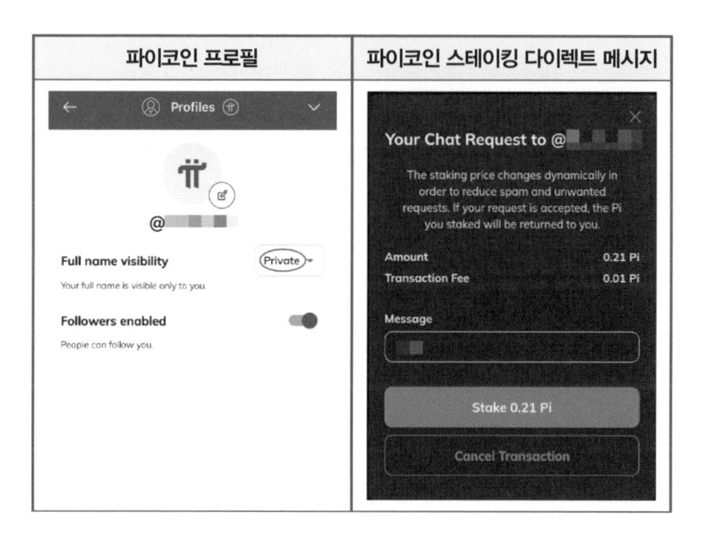

스테이킹 다이렉트 메시지 이미지 출처: https://medium.com/@simonaveliano/pi-staked-dm-revolution-c31f7e9f7a67

이러한 익명성 아래 다른 사람에게 DM(Direct message, 1:1 메시지)을 보내기 위해서는 일정 파이코인을 스테이킹(Staking, 예치)해야 한다. 메시지를 보냈을 때 수신자가 요청을 수락하면 스테이킹한 파이코인은 반환되며 만약 수신자가 요청을 거절하면 보낸 사람은 스테이킹한 만큼의 파이코인을 잃게 된다. DM을 보낼 때 필요한 스테이킹 수량은 보내는 사람과 받는 사람의 긍정적 & 부정적 상호작용 데이터에 근간해 자동으로 조절된다.

2. 비용 기반의 민주적인 콘텐츠 평가 시스템
파이코인의 웹3.0 소셜 네트워크인 노변 포럼(Fireside Forum)은 블록체인 토큰을 기반으로 한 인센티브를 콘텐츠 필터링의 수단으로 사용한다. 클릭 수 등의 데이터를 기반으로 한 AI 알고리즘으로만 콘텐츠를 평가하는 것이 아니라, 사람들이 자발적으로 토큰을 기부하여 투표하는 방식으로도 평가된다. 이러한 시스템은 AI 알고리즘에만 의존하지 않고 자발적인 기부와 투표를 통해 콘텐츠의 진정성과 품질이 평가되므로 보다 인간적이며 공정하고 다양한 의견을 반영할 수 있다. 이렇게 토큰 기반 콘텐츠 투표 시스템을 사용하면 진정성과 상관없이 가짜 댓글이나 평점을 통해 품질 점수를 높이려는 편법적 시도도 억제하는 효과도 거둘 수 있다.
3. 사람 간의 상호작용이 중심이 되는 상생형 보상 시스템
더불어 우수한 콘텐츠를 양성하는 크리에이터들은 제3자를 거치지 않고 사용자로부터 직접적인 보상을 받을 수 있으므로 공정한 환경에서 지속적인 창작활동을 할 수 있으며 경제적 이익도 함께 얻어 갈 수 있다. 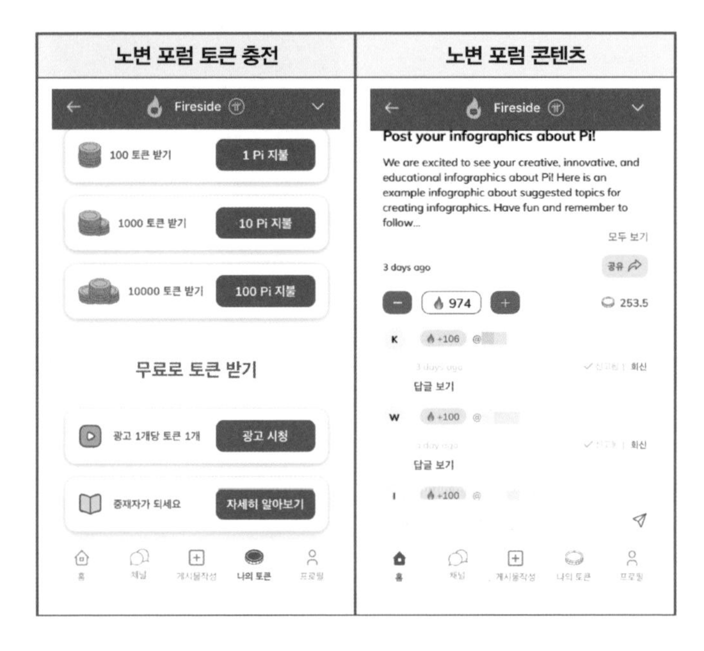 온 · 오프라인에서 파이코인 생태계를 운영하는 사업주들은 파이코인과 웹3.0 소셜 네트워크 서비스를 이용해 자신의 사업을 알릴 수 있는 광고 혜택도 누릴 수 있다. 기존의 웹2.0 소셜 네트워크와는 달리 파이코인의 웹3.0 소셜 네트워크 서비스에서는 사용자도 함께 광고 시청에 대한 보상을 받는다. 이러한 시스템은 광고주와 사용자 간의 상호 이익과 상호작용을 극대화한다. 사용

자들은 단순히 광고를 소비하거나 수동적으로 노출되는 것이 아니라, 광고를 통해 보상을 받음으로써 더 적극적으로 플랫폼에 참여하게 되고, 광고주는 더 많은 사용자에게 자신의 사업을 알릴 기회를 얻게 된다.

3-3

파이코인은 '사람에 의한, 사람을 위한' 화폐다

● 채굴자 & 사용자 역할 구분의 파괴

블록체인 암호화폐의 탈중앙화, 투명성, 불멸성은 인간 하나하나가 모두 소중하다는 시대정신을 현실에 구현해 내는데 매우 적합하다. 그러나 이것을 평범한 사람들이 아닌 대규모 자본이나 권력을 가진 기관이 개입하여 운영할 때 그 가치는 훼손되기 시작한다. 이러한 초기 비전의 상실이라는 위기 속에서 파이코인은 지금에 이르기까지 초기 비전[40]을 잃지 않았다.

---

40) 우리(파이)의 비전: 평범한 일상생활 속에서 사람들이 스스로 안전하게 운영하는 암호화폐 및 스마트 계약 플랫폼을 구축한다. – 2019년 3월 파이코인 오리지널 백서

암호화폐의 초기 비전 중 하나는 화폐 발행 주체가 갖는 시뇨리지[41]를 중앙은행이 아닌 사람들에게 이양하는 것이었다. 화폐의 발행 권리와 이익을 평범한 사용자들이 갖도록 하는 것이다. 그러나 이 비전은 비트코인 채굴 난이도 증가와 자본 예치 기반 코인의 탄생으로 인해 훼손되기 시작했다.

비트코인을 채굴하기 위해서는 고가의 장비를 구매해야만 하고 전기료, 관리비 등 많은 유지비가 필요하다. 이더리움이나 솔라나와 같은 자본의 예치가 필요한 코인의 경우에는 예치할 코인 구매를 위해 많은 돈이 필요하다. 이러한 고비용은 암호화폐 채굴자와 사용자의 역할 분리를 낳는다. 이것은 기존 중앙은행이 발행하는 전통적인 화폐에서 단 한 발짝도 진보되지 않은 것이다.

블록체인의 진정한 초기 비전을 실현하기 위해서는 코인 채굴자(시뇨리지 권리를 가진 사람)와 사용자가 분리되어서는 안 된다. 코인 사용자는 곧 채굴자가 되어야 하고, 채굴자는 곧 사용자가 되어야 한다.

파이코인의 채굴 버튼(번개 버튼)은 단순히 코인 채굴만을 위한 것이 아니라, 나 자신의 존재 증명을 통해, 전체 네트워크 보안에 기여함과 동시

---

41) 시뇨리지(Seniorage)는 중앙은행이 발행한 화폐의 가치와 그 화폐로 거래되는 자산의 가치 차이에서 발생하는 이익을 말한다.

에 블록체인 웹3.0 생태계에 진입하는 사용자 계정 로그인 세션을 활성화하는 것이라고 할 수 있다. 이것은 기존 웹2.0의 로그인 기능과 블록체인 합의증명[42]을 결합한 것이다. 우리가 아무렇지 않게 24시간마다 한 번씩 터치했던 번개 버튼이 알고 보면 블록체인 합의증명을 1인 1계정에 접목하는 획기적인 새로운 패러다임의 출발점이라고 할 수 있다.

42) 파이코인의 합의증명은 스텔라 컨센서스 프로토콜(Stellar Consensus Protocol, 줄여서 SCP)을 개량한 방식을 사용한다. 이 방식은 사용자가 신뢰하는 계정(방패)을 직접 지정함으로써 알고리즘이 보안 그래프를 형성하게 하고 블록체인 전체 네트워크의 보안을 강화하는 방식이다.

코인 채굴자와 사용자의 결합이 생태계 촉진에 미치는 영향

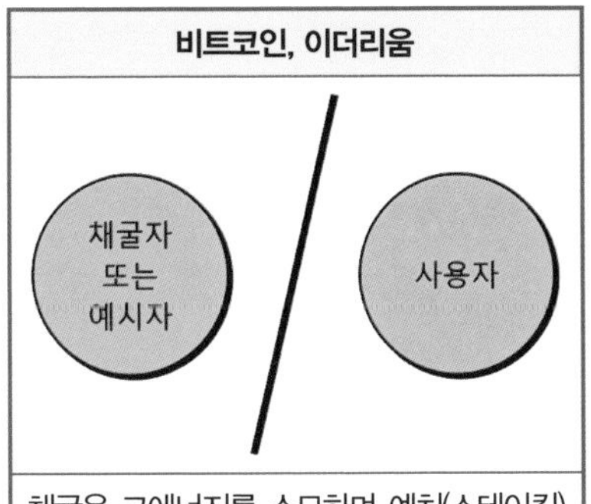

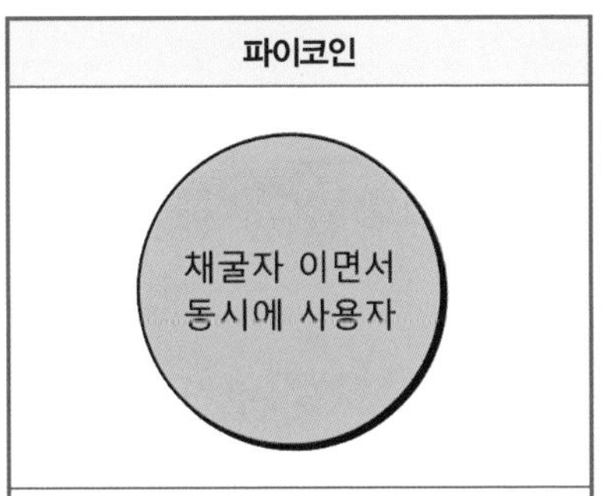

비트코인, 이더리움	파이코인
채굴은 고에너지를 소모하며 예치(스테이킹)는 엄밀히 말해 코인의 건전한 사용보다는 이자를 부풀리기 위한 투자를 종용한다. 코인 보상을 얻는 채굴자와 코인을 사용하는 사용자가 **분리**되어 있다.	24시간마다 채굴 세션(번개 버튼)을 활성화하지 않으면 파이 소셜 앱 및 파이 브라우저에 진입할 수 없다. 채굴(번개 버튼)은 보상을 얻는 것임과 동시에 파이 생태계에 진입하는 문과 같다. **파이코인의 채굴자는 곧 사용자이다.**
↓	↓
문제점1) 1인 1계정 인증 체계 부재: 코인 악용 사례 빈번히 발생 **문제점2)** 실생활 사용보다는 투자 목적으로 코인 사용	**해결1)** 신뢰할 수 있는 계정: 건전한 활동 촉진 **해결2)** 채굴자와 사용자의 일원화: 생태계 사용을 촉진

블록체인을 활용한 웹3.0 생태계가 가지는 첫 번째 문제는 신뢰할 수 있는 1인 1계정 인증 체계의 부재로 인해 코인을 활용한 악용 사례가 빈번하게 발생하는 것이었다. 두 번째 문제는 코인을 실생활에서 사용하기보다는 투자 목적으로써만 주로 활용한다는 것이다. 이러한 문제를 해결하기 위해, 파이코인은 블록체인 합의증명과 보상을 1인 1계정 로그인 세션에

직접 접목하였다. 이는 신뢰할 수 있는 계정의 건전한 활동을 촉진하고, 코인 사용자로 하여금 주기적인 코인 보상까지 보장되도록 하여 생태계에 코인이 유입되는 것을 장려하는 효과를 거둘 수 있다.

● 일반인들로 구성된 자발적이고 촘촘한 커뮤니티의 형성

파이코인은 기술 자체도 그러하지만 이를 운영하고 사용하는 주체에 있어서도 인본(人本)적인 성격이 매우 강한 코인이다. 파이 네트워크는 휴먼 네트워크이다. 파이 네트워크 앱은 그 어떤 혁신적인 앱을 개발하는 것보다도 우선, 온체인 상에서 관계를 매개하는 것에 초점을 맞추었다. 파이 네트워크는 특별한 비전이나 기술을 개발하였다기보다는 돈에 대한 억압적인 환경에서 벗어나고 싶은 사람들이 들어오고 머물고 교류할 수 있는 환경을 조성한 것뿐이었다.

무료 채굴 기반 인본(人本)적 코인에 대한 한국인들의 열정과 교감은 사실 파이코인 한국 커뮤니티가 생기기 이전부터 존재했다. 2018년 9월에 첫 백서를 발표한 블러드(Blood) 코인은 개인 PC나 스마트폰만 가지고도 CPU를 기반으로 일반 사용자들이 손쉽게 채굴할 수 있도록 홍보하였다. 또한, 선행(善行)을 코인 보상의 기준으로 삼는 등[43] 인본주의적 성격을 표방하여 많은 사람들의 인기를 끌었었다.

---

43) 착한 코인 블러드는 인간 본위제를 실현하기 위해서, 기본적으로 '헌혈을 통한 인류애의 실현'을 본질로 한다. 1유니트의 헌혈(대략 400cc)에 1블러드의 보상을 기본으로 한다. – 2018년 9월 19일 블러드 코인 백서 2페이지

이러한 블러드 코인의 성장과 변화, 쇠퇴는 한국과 동남아시아(특히 베트남)에서 파이코인의 초창기 커뮤니티가 성장하는 데 상당한 영향을 미쳤다. 블러드 코인의 초기 회원들은 블러드 코인을 통해 얻게 된 시행착오와 코인 커뮤니티에 대한 깊은 이해와 통찰력을 바탕으로 파이코인과 파이 밈코인 커뮤니티의 주요 핵심 리더로 새롭게 발돋움하기도 하였다.

파이코인 커뮤니티는 초창기 멤버들의 노력과 함께 급속도로 성장하기 시작했다. 그 유명세와 더불어 자체적으로도 커뮤니티가 탄생하기도 했는데, 현재 가장 큰 규모의 한국 파이코인 커뮤니티인 파이파파[44], 파이 노드 전문 커뮤니티인 파이 노드 코리아[45]가 그 예이다. 현재는 초창기에 파이코인을 강하게 비판했던 디시인사이드[46] 커뮤니티에서도 자체 파이코인 공식 갤러리 게시판이 생겼을 정도이니 이것만 보아도 한국 내 암호화폐 커뮤니티 중에서 파이코인의 입지가 얼마나 큰지 확인할 수 있는 부분이다.

---

44) https://cafe.naver.com/austrail

45) https://cafe.naver.com/pinodekorea

46) 디시인사이드(https://dcinside.com)는 1999년에 설립된 한국의 온라인 커뮤니티로, 다양한 주제에 대한 게시판을 운영하고 있다. 특히 사진, 게임, 애니메이션 등 여러 분야의 팬들이 모여 자유롭게 의견을 나누고 소통하는 공간으로 알려져 있다. 디시인사이드는 유머와 패러디 문화가 활발하게 이루어지는 곳이며, 특정 커뮤니티에서 발생한 밈(meme)이 대중문화에 영향을 미치기도 했다.

한국 무료 채굴 코인 커뮤니티의 기원과 흐름

<table>
<tr><th>블러드(Blood) 계열
(2018년 9월 1.0버전 백서 발표)</th><th colspan="3">파이(Pi)와 그 밈코인 계열
(2019년 3월 1차 백서 발표)</th></tr>
<tr><td>블러드 코인, 블러드 랜드, 블라챗 커뮤니티
(2018년 10월 ~)</td><td>블러드 코인의 일부 유저가 파이 네트워크 코리아외 초기 회원으로 합류</td><td rowspan="5">블러드 코인, 블라챗 유저 커뮤니티로부터 시작됨.

파이 네트워크 코리아와 파이파파 일부 회원들이 스페이스 파이 커뮤니티에 합류

자체 온 · 오프라인 활동을 통한 회원 모집</td><td rowspan="5">최초의 파이 밈코인이라는 수식어 아래 초창기에는 활발했으나, 시간이 지남에 따라 관심이 줄어들고 커뮤니티 회원 수가 늘지 않는 경향을 보임.</td></tr>
<tr><td>↓</td><td>파이 네트워크 코리아
(2019년 12월 ~)</td></tr>
<tr><td>타임스토프 커뮤니티
(2020년 10월 ~)</td><td>↕</td></tr>
<tr><td>↓</td><td>파이파파
(2021년 1월 ~)</td></tr>
<tr><td rowspan="2">모자이크(피 체인)
커뮤니티
(2022년 10월 ~)</td><td>↕</td></tr>
<tr><td>파이 노드 코리아
(2021년 9월 ~)</td><td rowspan="2">스페이스 파이(SPI)
한국 커뮤니티
(2022년 9월 ~)</td><td rowspan="2">파이이누 한국
커뮤니티
(2022년 4월 ~)</td></tr>
<tr><td>↓</td><td rowspan="3">파이파파는 파이 네트워크 코리아와 독립적으로 성장한 커뮤니티로, 2024년 기준 가장 활발한 파이코인 한국 커뮤니티로 자리 잡음.</td></tr>
<tr><td>비트코인 크립톤
커뮤니티
(2024년 10월 ~)</td><td colspan="2" rowspan="2">이 둘 밈코인은 파이(Pi)의 대표 밈코인으로 파이코인에 대한 소식과 해당 밈코인의 대한 소식을 동시에 주고받으며 파이 밈코인 커뮤니티이면서 동시에 파이코인 커뮤니티의 일부로도 자리 잡음.</td></tr>
<tr><td>↓</td></tr>
<tr><td>회사가 직접 커뮤니티를 개설하고 선발된 유저가 스탭이 되어 관리
(모자이크까지)</td><td colspan="3">유저가 직접 커뮤니티를 개설하고 운영
위 커뮤니티 외 다 열거할 수 없을 정도로 무수히 많은 한국 파이코인 커뮤니티가 생겨남.</td></tr>
</table>

Part 4.

웹3 선도주자 되기: 파이코인 314% 활용 방법

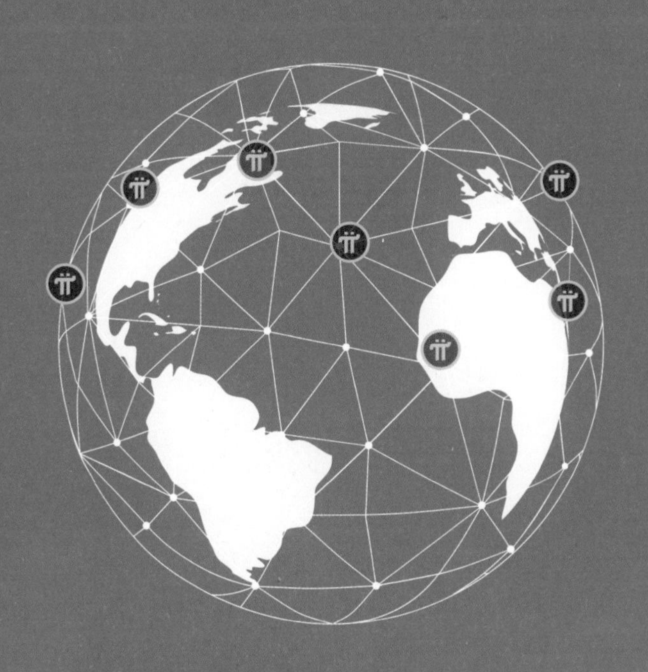

4-1

파이 네트워크 앱 설치 방법

파이 네트워크를 설치하기 전에 가장 먼저 주의해야 할 사항은 가짜 파이 네트워크 앱을 설치하지 않도록 주의해야 한다는 것이다. 이것은 파이 네트워크뿐만 아니라 블록체인 기반 탈중앙화 앱(Dapp, Decentralized Application)을 설치할 때 공통 사항이다.

파이 네트워크의 공식 웹사이트는 https://minepi.com/이다. 이 사이트에서 파이 네트워크에 대한 소개 및 백서(Whitepaper), Pi 블록체인을 활용한 개발 가이드, 그동안 해 왔던 활동에 대한 블로그, 회사의 비전, 로드맵, 코어팀에 대한 소개, FAQ 등을 확인할 수 있다. 앱을 설치하기 전에 공식 웹사이트에 있는 내용을 읽어 보는 것을 권장한다.

파이 네트워크 공식 웹사이트 – PC

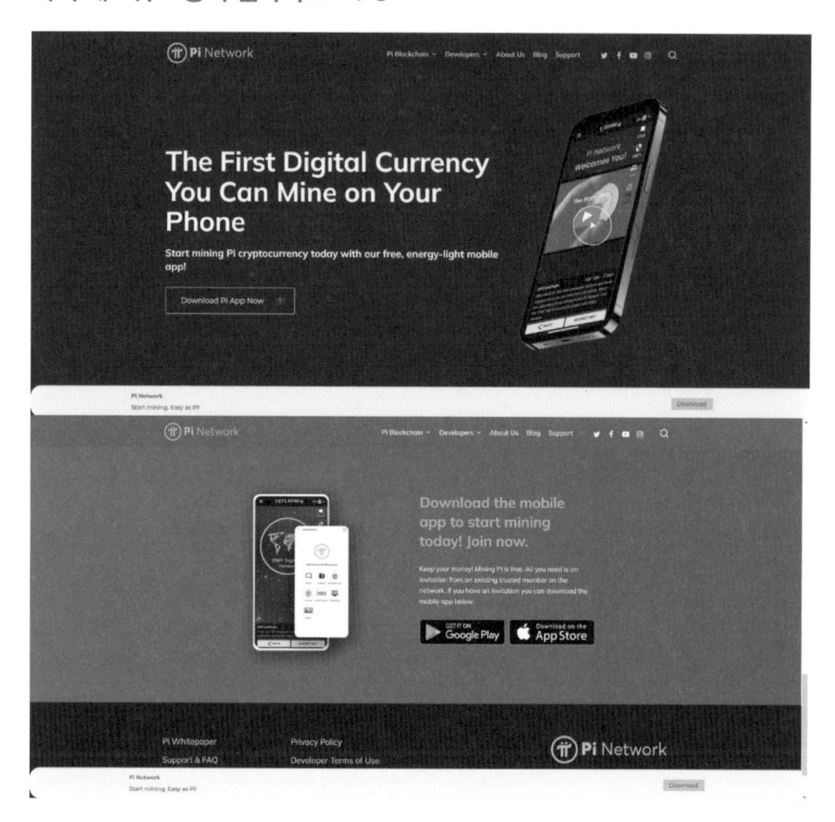

파이 네트워크 공식 웹사이트 – 모바일

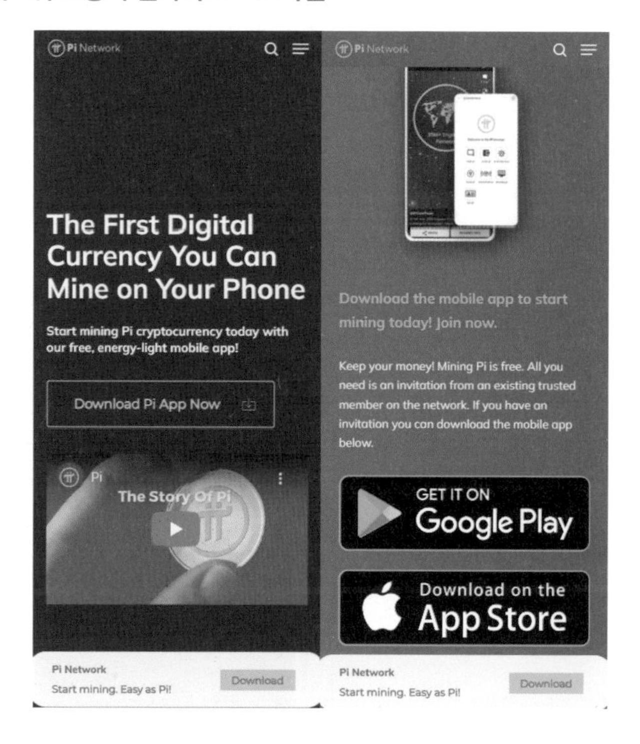

2024년 파이 네트워크 공식 웹사이트의 모습이다. 'Download Pi App Now' 버튼을 누르면 파이 네트워크 앱을 설치할 수 있는 구글 플레이 또는 아이폰 앱 스토어 상세페이지로 이동할 수 있는 화면으로 스크롤 된다.

출처: 파이 네트워크 공식 웹사이트, https://minepi.com/

또는, 구글 플레이, 아이폰 앱 스토어에서 'Pi network'라고 검색 → Pi network 앱 상세페이지 접속 후 설치해도 된다.

파이 네트워크 공식 앱 다운로드 화면

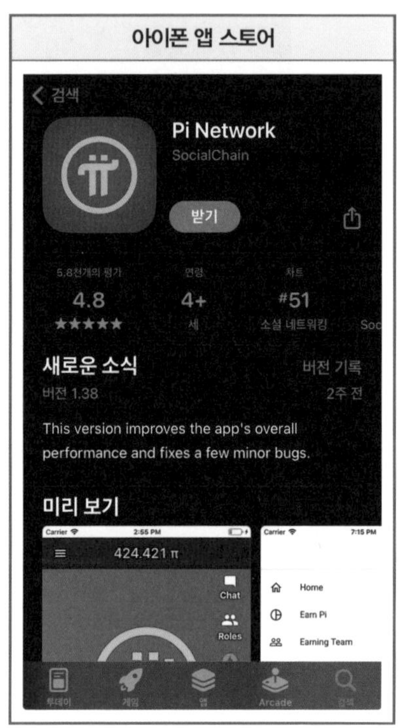

출처: Google Play, App Store

파이 네트워크 앱 설치가 완료되면 파이 네트워크 대표 로고가 뜨면서 페이스북이나 스마트폰 번호로 가입할 수 있는 화면이 나타난다.

파이 네트워크 최초 앱 설치 후 시작 화면

Cryptocurrency mining made easy.	
What's a cryptocurrency? A cryptocurrency is a digital currency whose transactions are validated and posted to a decentralized record, instead of relying on a central authority (like a bank, or PayPal). **What is mining?** Mining is the process by which transactions are securely validated and posted to the decentralized record. Miners contribute to this process and get rewards. **How does Pi make mining accessible?** Unlike Bitcoin where miners contribute heavy computational power to mine ("Proof of Work"), Pi technology enables miners to contribute their identified security circles to secure transactions through software. Thus, anyone can mine through simple interface and get rewards. Close	**암호화폐란 무엇인가요?** 암호화폐는 거래가 중앙 권한(은행이나 PayPal 등)에 의존하지 않고, 분산된 기록에 검증되어 게시되는 디지털 통화입니다. **채굴이란 무엇인가요?** 채굴은 거래가 안전하게 검증되고 분산된 기록에 게시되는 과정입니다. 채굴자들은 이 과정에 기여하고 보상을 받습니다. **Pi는 어떻게 채굴을 접근 가능하게 하나요?** 채굴자들이 고도의 계산 능력을 기여해야 하는 비트코인(작업 증명)과는 달리, Pi의 기술은 채굴자들이 그들의 식별된 보안 서클을 통해 소프트웨어로 거래를 확보할 수 있게 합니다. 따라서 누구나 간단한 인터페이스를 통해 채굴하고 보상을 받을 수 있습니다.
Please verify your identity to get started.	
Facebook login (optional) Pi only uses your Facebook login to authenticate you as a person, not a bot. Pi only asks for your name and email from Facebook, and cannot post anything to your Facebook profile. Close	**Facebook 로그인 (선택 사항)** Pi는 당신을 사람으로 인증하기 위해서만 Facebook 로그인을 사용하며, 봇으로 인증하지 않습니다. Pi는 Facebook에서 이름과 이메일만 요청하며, Facebook 프로필에 아무것도 게시할 수 없습니다.

출처: Pi network 앱

연동할 수 있는 페이스북 아이디가 있다면 가입과 채굴은 별도의 정보를 제공하지 않아도 가능하다. 또는 스마트폰 번호로 가입이 가능하다. 하지만, 채굴된 Pi를 사용 가능한 Pi로 이동하기 위해서는 본인인증 절차가 반드시 필요하다. (KYC 본인인증 절차에 대해서는 4-5장에서 설명)

파이 네트워크 가입 방법

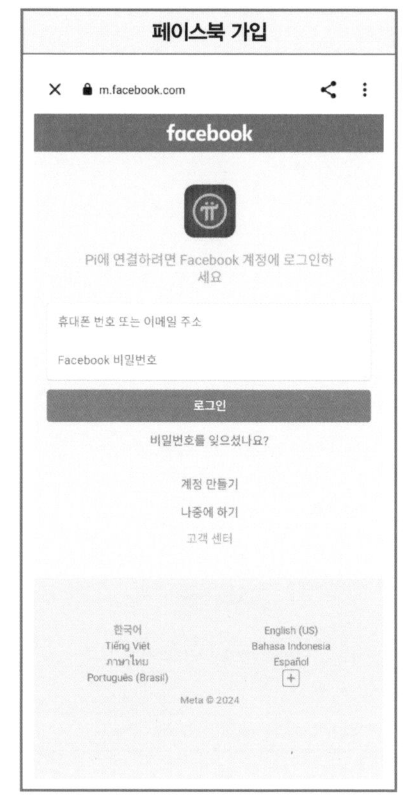

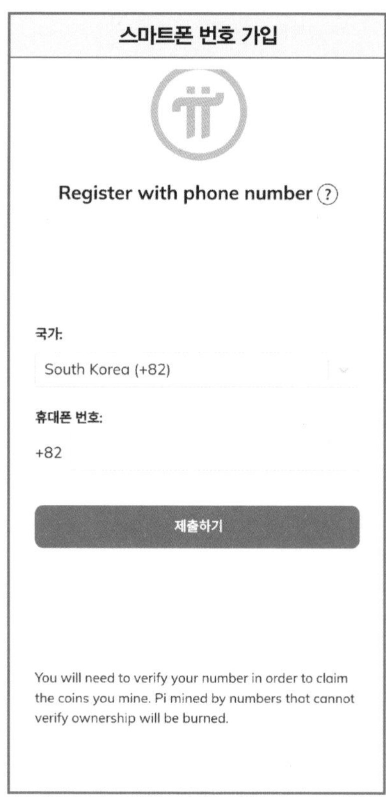

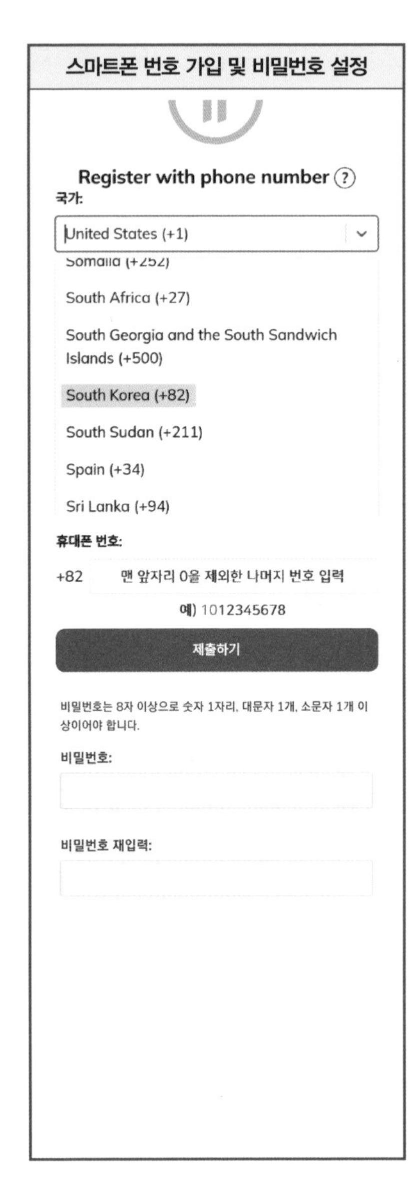
스마트폰 번호 가입 및 비밀번호 설정
Register with phone number ?
국가:
United States (+1)
Somalia (+252)
South Africa (+27)
South Georgia and the South Sandwich Islands (+500)
South Korea (+82)
South Sudan (+211)
Spain (+34)
Sri Lanka (+94)
휴대폰 번호:
+82
맨 앞자리 0을 제외한 나머지 번호 입력
예) 1012345678
제출하기
비밀번호는 8자 이상으로 숫자 1자리, 대문자 1개, 소문자 1개 이상이어야 합니다.
비밀번호:
비밀번호 재입력:

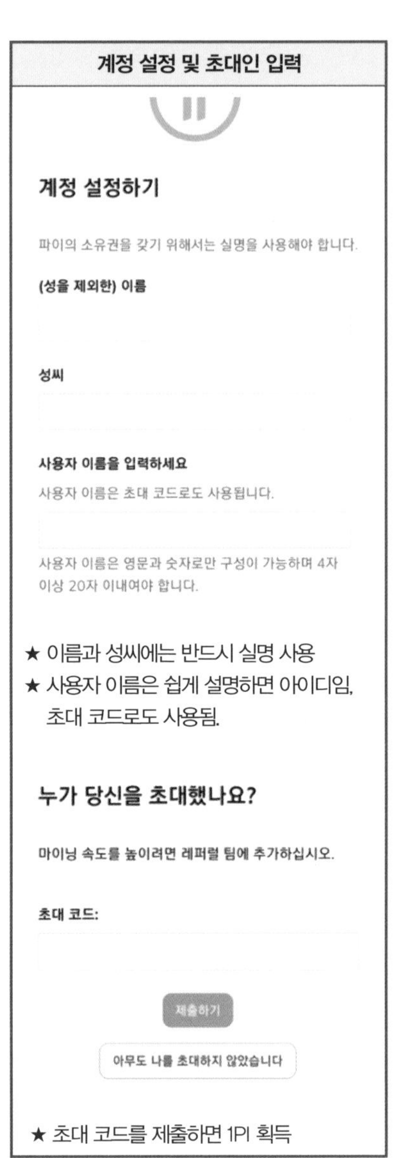
계정 설정 및 초대인 입력
계정 설정하기
파이의 소유권을 갖기 위해서는 실명을 사용해야 합니다.
(성을 제외한) 이름
성씨
사용자 이름을 입력하세요
사용자 이름은 초대 코드로도 사용됩니다.
사용자 이름은 영문과 숫자로만 구성이 가능하며 4자 이상 20자 이내여야 합니다.
★ 이름과 성씨에는 반드시 실명 사용
★ 사용자 이름은 쉽게 설명하면 아이디임, 초대 코드로도 사용됨.
누가 당신을 초대했나요?
마이닝 속도를 높이려면 레퍼럴 팀에 추가하십시오.
초대 코드:
제출하기
아무도 나를 초대하지 않았습니다
★ 초대 코드를 제출하면 1PI 획득

이왕이면 '아무도 나를 초대하지 않았습니다' 대신 정말 열심히 활동하는 파이오니어의 초대 코드를 입력하여 '제출하기'를 누르는 것을 추천한다. 1Pi를 추가로 획득하는 것 외에도 나를 초대한 사람이 열심히 활동하는 파이오니어라면 그 사람을 보안 써클의 구성원 중 한 명으로 등록하여 추가 채굴률을 높일 수 있기 때문이다. 파이코인은 개인의 인간 자격 증명, 더 나아가 신뢰하는 계정을 지정하는 과정이 필수적이기 때문에 이에 따른 인센티브 역시 간과할 수 없다. 파이 네트워크의 추천인 시스템은 수직적인 위계 구조가 아닌, 사람과 사람 간의 상호작용과 신뢰가 중점이 되는 수평적인 관계를 기반으로 하고 있다.

4-2

파이 소셜 앱 기본 매뉴얼

● 파이 앱의 번개 버튼, 24시간마다 눌러야 하는 이유

파이 네트워크는 코인 채굴 앱이 아니다. 블록체인 기술을 기반으로 하는 소셜 앱이다. 그리고 그 블록체인은 컴퓨터 연산(PoW)도 코인 스테이킹(PoS)도 아닌 인간 존재 증명을 통해 유지된다. 파이 네트워크 소셜 앱을 사용하기 위해서는 다른 누군가와 상호작용하기 이전에 먼저 가짜 계정이 아니라고 믿는 5명에 대한 정보와 자신의 존재 증명을 24시간마다 한 번씩 전송해야 한다. 이 존재 증명을 통해 사용자는 파이 네트워크 생태계에서 사용할 수 있는 파이(Pi) 코인을 보상받는다.

크리에이터나 판매자가 아닌 일반 사용자는 아무런 보상이 없었던 기존 플랫폼과는 달리, 파이 네트워크는 체크인(Check-in) 하는 것만으로도 보상을 받을 수 있는 것이 주요 특징이다. 이용 단계에서부터 사용자에게 혜택이 주어지는 분산형 경제 시스템은 기존 웹2.0 서비스에는 없었던 새로운 방식이라고 할 수 있는데, 이를 웹3.0 서비스라고 일컫는다.

파이 앱의 접속 세션[47]은 **24시간**마다 유지된다. 이 접속 세션을 꾸준히 유지하고 파이 생태계를 이용하는 사람들을 파이오니어(Pioneer)라고 부른다. 모든 파이오니어는 자발적으로 특정 역할을 수행함으로써 보상률을 높이고 전체 파이 블록체인 생태계에 기여할 수 있다.

---

47) 세션(Session)은 고객과 서버 간 상호작용(업데이트, 라이선스 등)을 관리하기 위해 계정 및 상태 정보를 저장하고 통신하는 메커니즘이다. 대부분의 앱은 사용자가 일정 시간 동안 아무것도 하지 않으면, 세션이 자동으로 종료되어 보안을 강화한다. 이렇게 세션은 웹사이트 또는 앱에서 회원 권한을 유지하고, 안전하게 인터넷 기반 서비스를 이용하게 하는 데 중요한 역할을 한다.

파이오니어의 기본 역할

파이오니어 (Pioneer)

본인이 실제 사람임을 증명하세요

Pi Network에 대한 당신의 노력을 보여주고 당신이 봇이 아닌 인간임을 증명하기 위해 24시간마다 체크인을 해서 Pi를 채굴하세요.

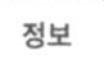

기여자 (Contributor)

보안 그래프를 형성하세요

다른 사람들을 자신의 보안 그래프에 추가하여 파이 네트워크를 더욱 안전하게 하고 더 높은 비율로 채굴하세요.

확인하기

홍보 대사 (Ambassador)

Pi를 널리 알리세요

사람들을 Pi Network에 가입하도록 초대하여 더 높은 속도로 채굴하십시오.

초대하기

노드 (Node)

탈중앙화된 블록체인을 운영하세요

노드는 현재 2단계 테스트 넷 단계에 있습니다. 컴퓨터에서 노드 프로그램을 구동하고 파이 노드에 대해 더 알아보려면 node.minepi.com 을 방문하세요.

읽어보기

개발자 홍보대사(Ambassador)

Pi 생태계 확장

성공적인 Pi 앱을 구축하는 새로운 개발자를 초대하여 Pi 보상을 받으세요.

대시보드

● 파이오니어(Pioneer)

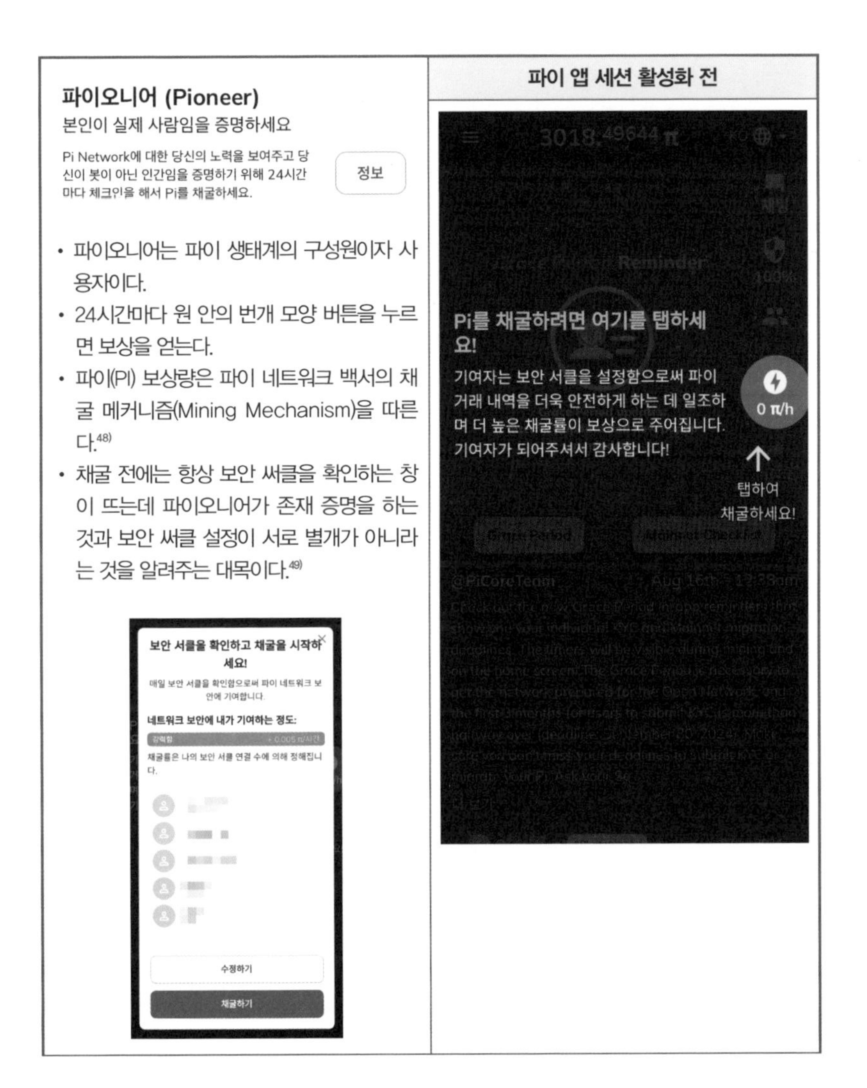

- 파이오니어는 파이 생태계의 구성원이자 사용자이다.
- 24시간마다 원 안의 번개 모양 버튼을 누르면 보상을 얻는다.
- 파이(PI) 보상량은 파이 네트워크 백서의 채굴 메커니즘(Mining Mechanism)을 따른다.[48)]
- 채굴 전에는 항상 보안 써클을 확인하는 창이 뜨는데 파이오니어가 존재 증명을 하는 것과 보안 써클 설정이 서로 별개가 아니라는 것을 알려주는 대목이다.[49)]

---

48) https://minepi.com/white-paper/#mainnet-chapters

49) 파이코인이 도입한 스텔라 컨센서스 프로토콜(SCP, Stellar Consensus Protocol)은 신뢰하는 계정을 주기적으로 직접 선택하고, 이들 간의 집합과 합의를 통해 거래의 유효성을 검증한다.

• 화면 중앙 상단의 숫자는 파이 소셜 앱 접속과 사용에 따른 보상을 나타낸다. 조건[50]을 충족한 후 암호화폐 지갑으로 이전되기 전에는 사용할 수 없다. • 화면 왼쪽 상단 삼선 버튼을 터치하면 메뉴로 이동할 수 있다.	≡ 3018.51949 π KO 🌐 ▾ ↑ 메뉴 이동 / ↑ 채굴된 파이 (조건 충족 후 사용 가능) / ↑ 언어 선택

50) 본인, 보안 써클 구성원, 추천한 추천인의 실제 인간 유무 확인, 지갑 생성 및 소유권 확인, 락업 구성, 계정 추가 인증, 메인넷으로 이전 완료 등

파이 앱 세션 활성화 후

파이오니어 (Pioneer)

본인이 실제 사람임을 증명하세요

Pi Network에 대한 당신의 노력을 보여주고 당신이 봇이 아닌 인간임을 증명하기 위해 24시간마다 체크인을 해서 Pi를 채굴하세요.

- 세션이 활성화된 후 파이오니어는 코인 보상이 적립됨과 동시에 24시간 세션이 유지되는 동안 파이 브라우저를 포함한 모든 파이 앱을 이용할 수 있다.
- 화면 중앙과 하단에는 코어 팀에서 전달하는 공지사항 인포그래픽과 메시지를 확인할 수 있다.
- 화면을 스크롤하여 내리면 파이 기본 소셜 앱 중 하나인 노변 포럼의 인기 글을 미리 볼 수 있다.

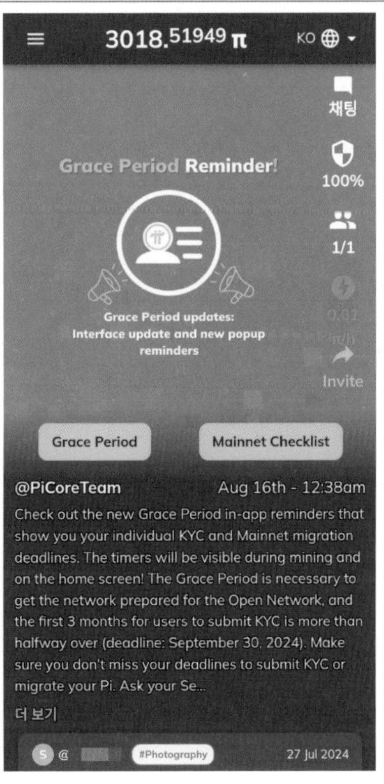

• 채팅 [채팅] 버튼을 누르면 채널을 개설하고 파이오니어들끼리 대화를 주고받을 수 있는 채팅 앱으로 이동할 수 있다. • 스테이킹 다이렉트 메시지로 특정 사용자에게 Pi를 예치하고 DM을 보낼 수도 있다.	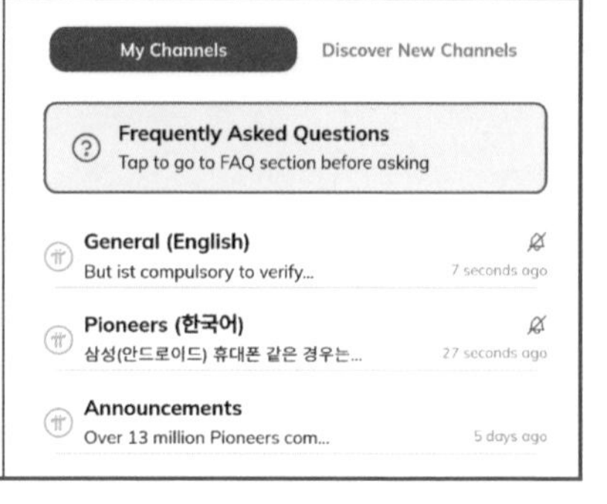

● 기여자(Contributor)

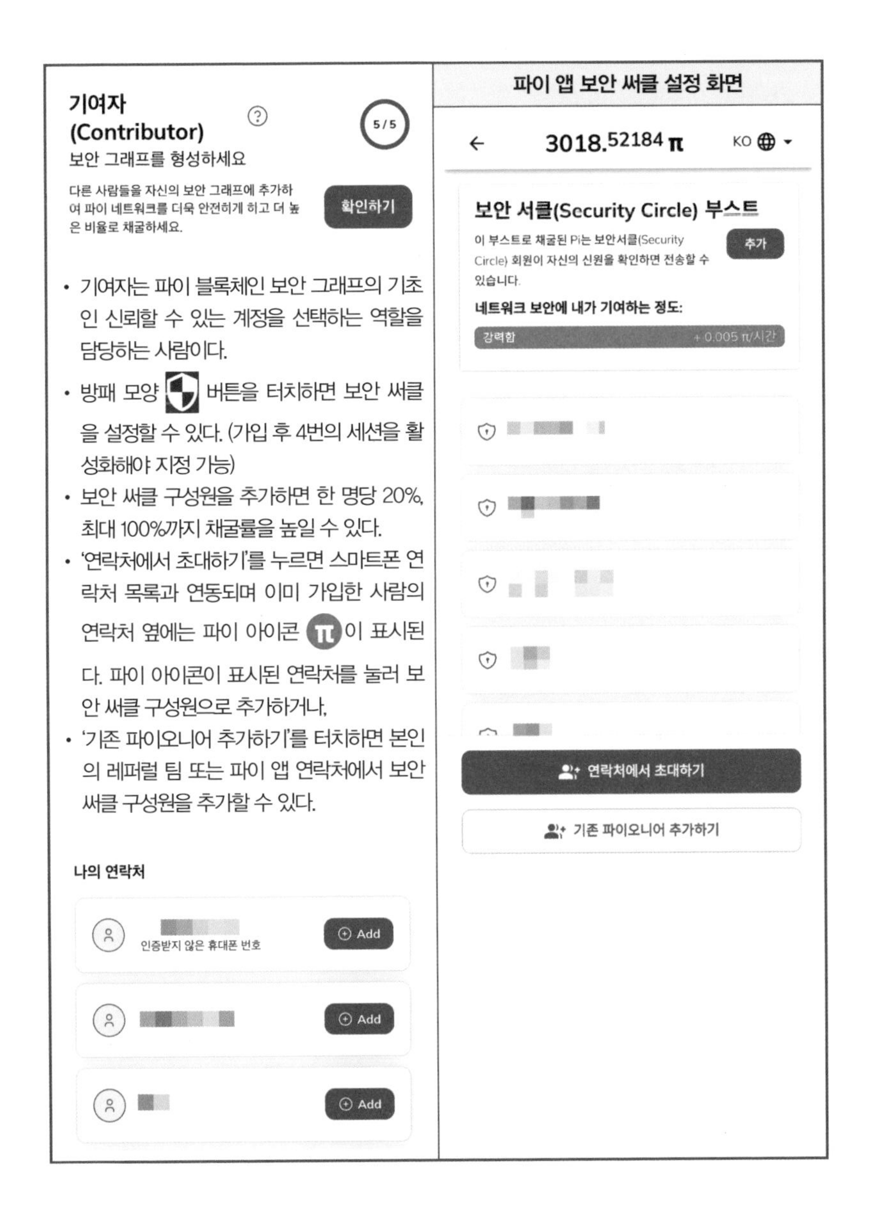

- 기여자는 파이 블록체인 보안 그래프의 기초인 신뢰할 수 있는 계정을 선택하는 역할을 담당하는 사람이다.
- 방패 모양 버튼을 터치하면 보안 써클을 설정할 수 있다. (가입 후 4번의 세션을 활성화해야 지정 가능)
- 보안 써클 구성원을 추가하면 한 명당 20%, 최대 100%까지 채굴률을 높일 수 있다.
- '연락처에서 초대하기'를 누르면 스마트폰 연락처 목록과 연동되며 이미 가입한 사람의 연락처 옆에는 파이 아이콘 이 표시된다. 파이 아이콘이 표시된 연락처를 눌러 보안 써클 구성원으로 추가하거나,
- '기존 파이오니어 추가하기'를 터치하면 본인의 레퍼럴 팀 또는 파이 앱 연락처에서 보안 써클 구성원을 추가할 수 있다.

● 홍보 대사(Ambassador)

<table>
<tr>
<td>

홍보 대사 (Ambassador) ⓘ
Pi를 널리 알리세요
사람들을 Pi Network에 가입하도록 초대하여 더 높은 속도로 채굴하십시오. [초대하기]

- 홍보 대사는 파이를 널리 알려 파이의 인지도, 더 나아가 파이 블록체인과 생태계 성장에 기여하는 사람이다.
- 사람 모양 버튼을 터치하면 자신이 추천하여 등록한 파이오니어를 확인할 수 있다.
- 화살표 모양 [Invite] 버튼을 터치하면 간단한 소개 문구와 함께 자신의 추천 링크를 공유할 수 있다.
- 추천 링크는 메뉴 → 프로필 → '초대 코드'에서도 확인할 수 있다.
- 다른 사람에게 파이 앱을 소개할 때 4-1장의 가입 단계에서 자신의 초대 코드를 입력하게끔 하면 본인과 상대방이 파이코인을 채굴하는 데 도움이 된다.
- 자신의 현재 채굴 세션에서 활성 레퍼럴 팀이 많을수록 채굴률이 증가한다.
- 직접 추천인만 레퍼럴 팀에 추가되며 추천인의 추천인, 그 이하는 레퍼럴팀에 추가되지 않는다. (다단계 방식 X)

</td>
<td>

파이 앱 추천한 사람 목록

← 3018.54233 π KO

레퍼럴 팀
지금까지 총 0 명의 새로운 파이오니어를 초대했습니다. 귀하의 레퍼럴 팀에는 1명의 회원이 있습니다. 현재 1명 중 1명이 채굴 중입니다.
1 Mining
[알림 보내기]

Members 모두 보기
사람들을 Pi Network에 가입하여 레퍼럴 팀에 추가하거나 적극적으로 채굴하지 않는 회원을 초대하기 위해 알림을 보내세요.
채굴 중

[레퍼럴 팀 채팅] [초대하기]

</td>
</tr>
</table>

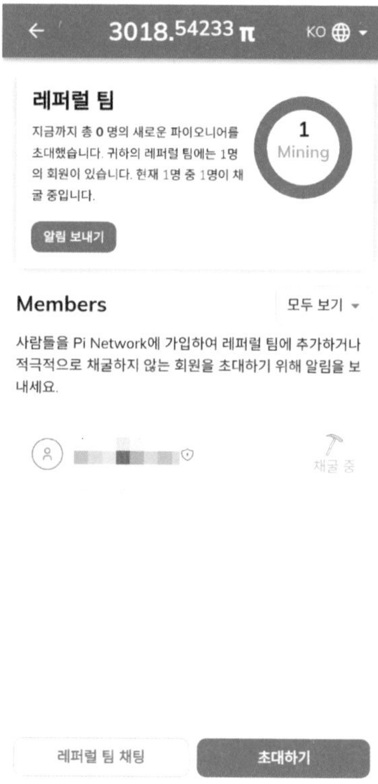

4-3

파이 노드 설치 방법

파이 노드는 데이터의 전송과 유지, 보안에 필수적인 역할을 한다. 파이 노드를 운영하면 노드(Node) 보너스를 받아 파이코인 채굴률을 높일 수 있다.

노드 보너스 점수는 파이(Pi) 앱 → 메뉴 ☰ → Pi 채굴 ⓟ → Rewards(보상)에서 확인할 수 있다.

파이 노드는 고가의 채굴 장비 없이도 개인 PC로 누구나 운영할 수 있지만, 네트워크 관련 프로그램을 자주 다루지 않는 사람들에게는 다소 어려움이 있을 수 있다.

국내에서는 여러 파이코인 커뮤니티가 활발하게 운영되고 있기 때문에 다양한 도움을 받을 수 있지만, 이 책에서는 문서로 된 설명서를 원하는 사람들을 위해 단계별로 구체적인 설치 방법과 필요한 설정을 안내한다.

● 노드(Node) 개요 및 파이 PC 앱 로그인

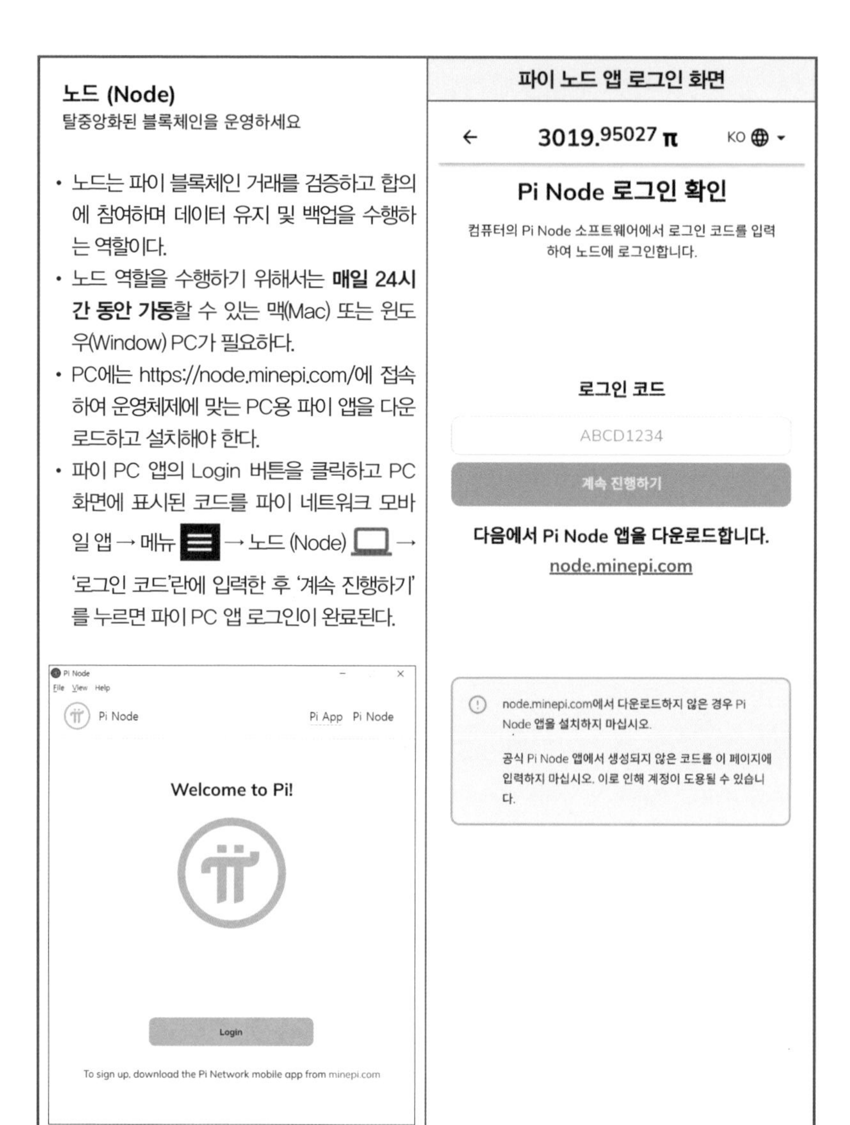

노드 (Node)
탈중앙화된 블록체인을 운영하세요

- 노드는 파이 블록체인 거래를 검증하고 합의에 참여하며 데이터 유지 및 백업을 수행하는 역할이다.
- 노드 역할을 수행하기 위해서는 **매일 24시간 동안 가동**할 수 있는 맥(Mac) 또는 윈도우(Window) PC가 필요하다.
- PC에는 https://node.minepi.com/에 접속하여 운영체제에 맞는 PC용 파이 앱을 다운로드하고 설치해야 한다.
- 파이 PC 앱의 Login 버튼을 클릭하고 PC 화면에 표시된 코드를 파이 네트워크 모바일 앱 → 메뉴 → 노드 (Node) → '로그인 코드'란에 입력한 후 '계속 진행하기'를 누르면 파이 PC 앱 로그인이 완료된다.

● 인터넷 및 방화벽 설정하기

노드 역할을 수행하기 위해서는 먼저 PC의 인터넷 연결이 공용이 아닌 개인으로 설정되어 있어야 한다. 본 책에서는 윈도우 PC를 기준으로 설명한다.

(마우스 오른쪽 클릭)

윈도우즈 작업표시줄에 있는 인터넷 액세스 아이콘을 마우스 오른쪽 클릭 → 네트워크 및 인터넷 설정 열기를 클릭한다.

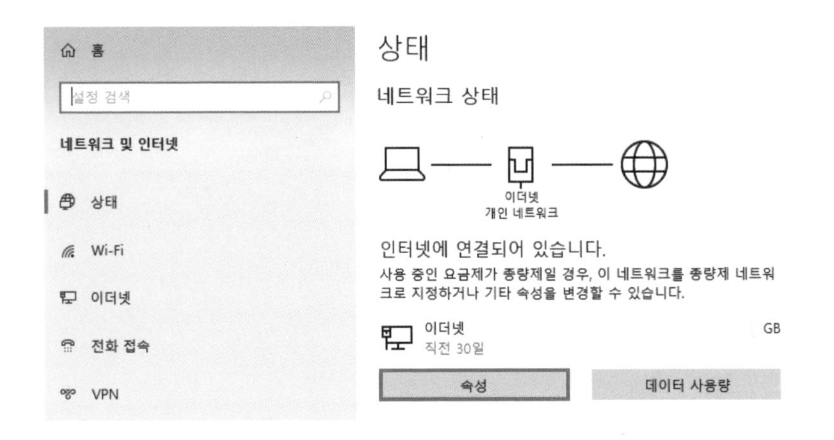

설정 창이 나오면 네트워크 상태의 '속성' 버튼을 클릭한다.

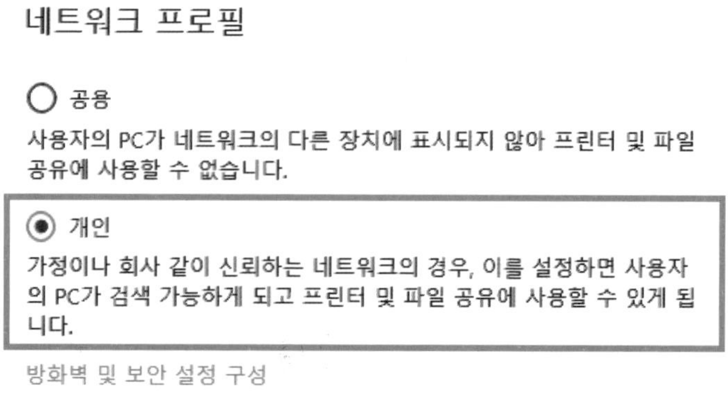

네트워크 프로필

공용

사용자의 PC가 네트워크의 다른 장치에 표시되지 않아 프린터 및 파일 공유에 사용할 수 없습니다.

개인

가정이나 회사 같이 신뢰하는 네트워크의 경우, 이를 설정하면 사용자의 PC가 검색 가능하게 되고 프린터 및 파일 공유에 사용할 수 있게 됩니다.

방화벽 및 보안 설정 구성

네트워크 프로필 설정을 '공용'이 아닌, '개인'으로 체크한다.

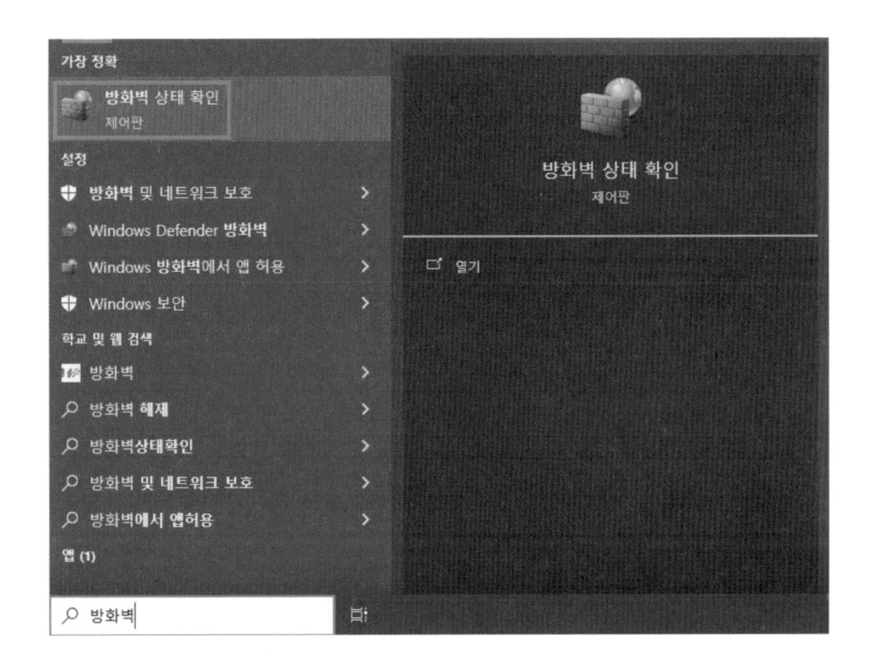

윈도우즈 기본 앱으로 설치되어 있는 '방화벽 상태 확인' 앱을 실행한다. 만약 찾기 어렵다면 윈도우즈 작업표시줄의 검색 기능을 활용해도 된다.

Windows Defender 방화벽 창이 열리면 왼쪽 고급 설정을 클릭한다.

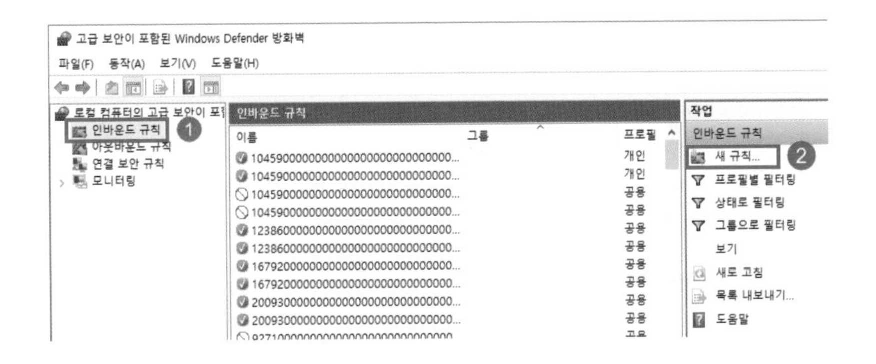

고급 보안이 포함된 Windows Defender 방화벽 창이 열리면 왼쪽의 ① 인바운드 규칙을 클릭 후, 오른쪽 ② 새 규칙...을 클릭한다.

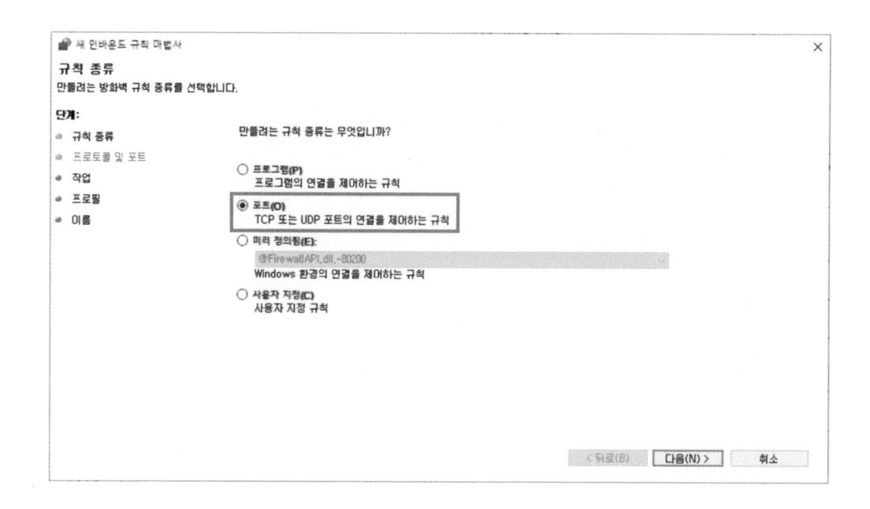

인바운드 규칙 마법사가 열리면 '포트(O)'를 선택하고 '다음(N)' 버튼을 클릭한다.

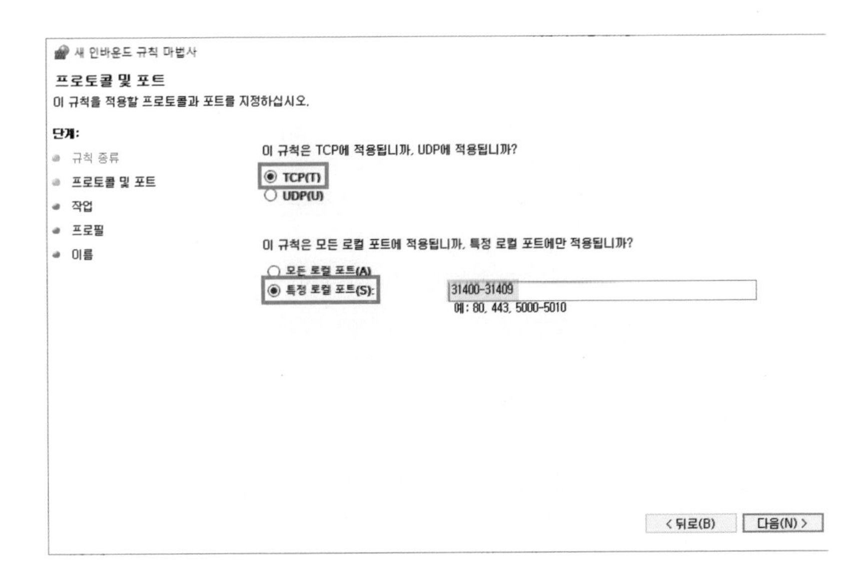

'TCP(T)' 및 '특정 로컬 포트(S)'를 선택하고 공란에 '31400–31409'를 입력 후 '다음(N)' 버튼을 클릭한다.

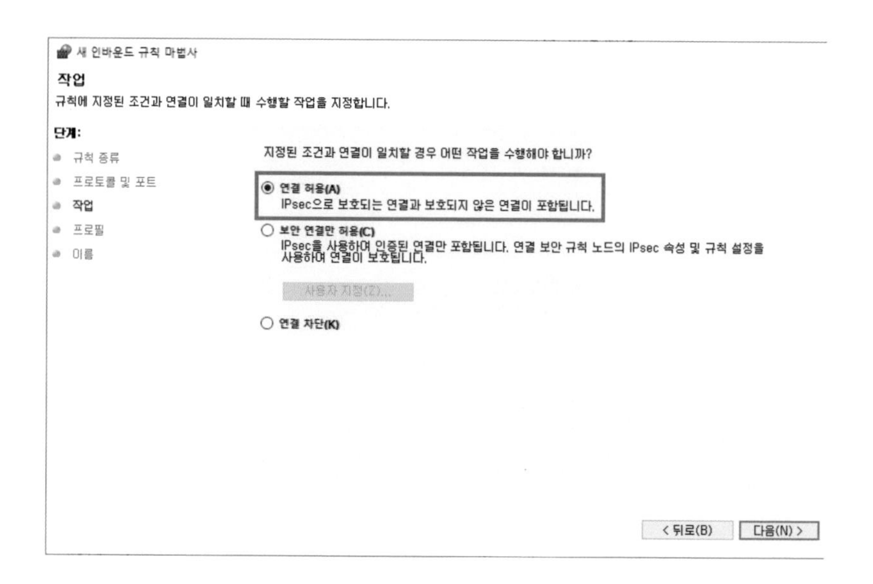

'연결 허용(A)'을 선택하고 '다음(N)' 버튼을 클릭한다.

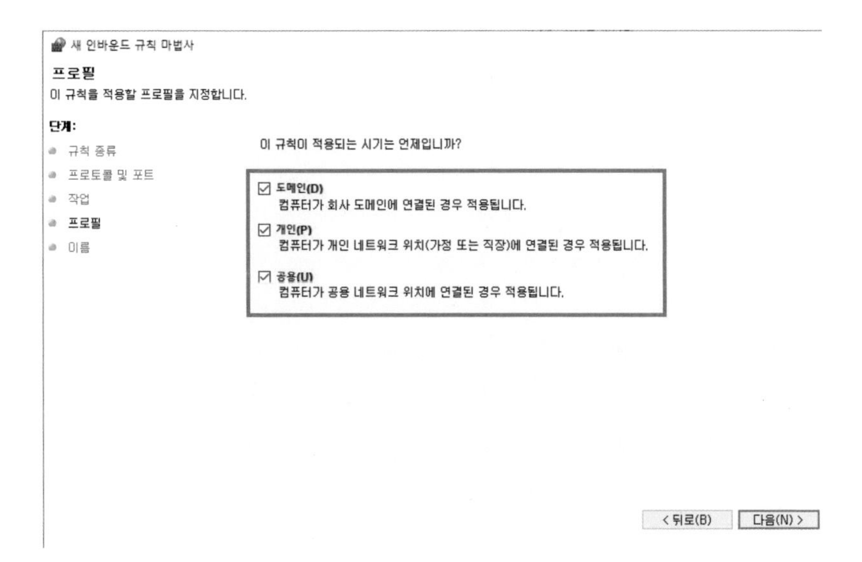

모두 체크된 상태로 놓고 '다음(N)' 버튼을 클릭한다.

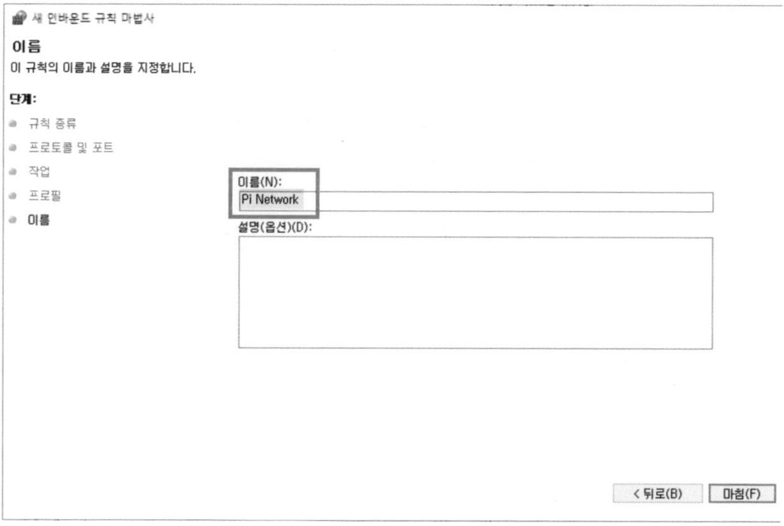

새 인바운드 규칙 마법사

이름

이 규칙의 이름과 설명을 지정합니다.

단계:

- 규칙 종류
- 프로토콜 및 포트
- 작업
- 프로필
- 이름

이름(N):

Pi Network

설명(옵션)(D):

< 뒤로(B)　마침(F)

'Pi Network'라는 규칙 이름을 정한 후 '마침(F)' 버튼을 클릭한다. (규칙 이름은 다른 것으로 지어 주어도 무방하지만 최대한 알아보기 쉽게 정하는 것이 좋다.)

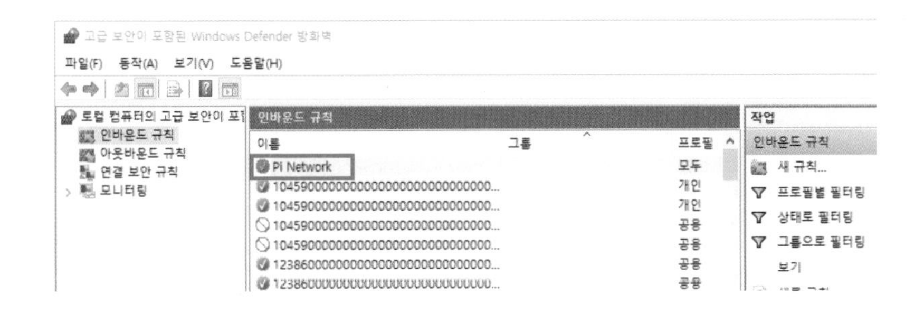

윈도우즈 방화벽에 'Pi Network'라는 인바운드 규칙이 생성된 것을 확인할 수 있다.

● WSL(Windows Subsystem for Linux) 세팅하기

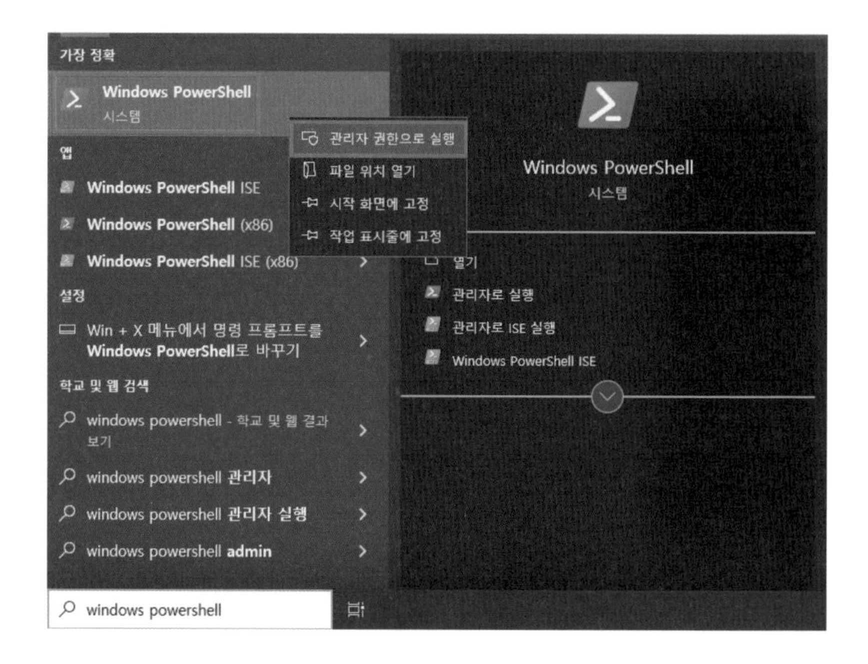

윈도우즈 기본 앱으로 설치되어 있는 'Windows Powershell' 앱을 마우스 오른쪽 클릭 후 관리자 권한으로 실행한다. 만약 찾기 어렵다면 윈도우즈 작업표시줄의 검색 기능을 활용해도 된다.

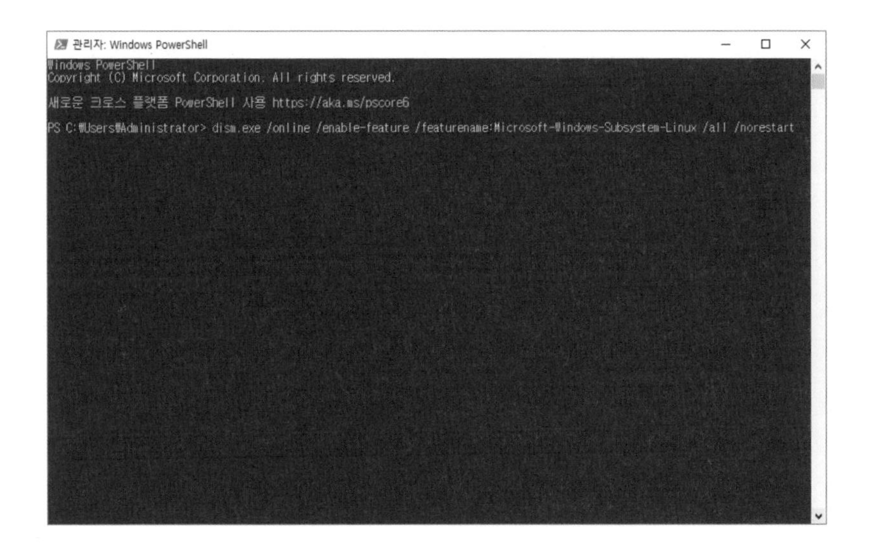

Windows Powershell이 실행되면 아래 첫 번째 명령어를 입력 후, 키보드 엔터(Enter)를 누른다.

```
dism.exe /online /enable-feature /featurename:Microsoft-Windows-Subsystem-Linux /all /norestart
```

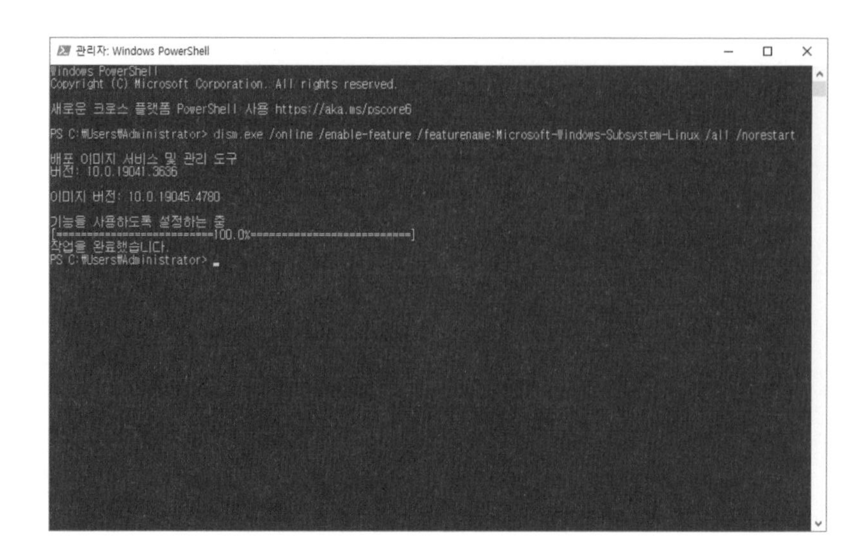

"작업을 완료했습니다."라는 안내 메시지가 나오면 아래 두 번째 명령어를 입력 후, 키보드 엔터(Enter)를 누른다.

```
dism.exe /online /enable-feature /featurename:VirtualMachinePlatform /all /
norestart
```

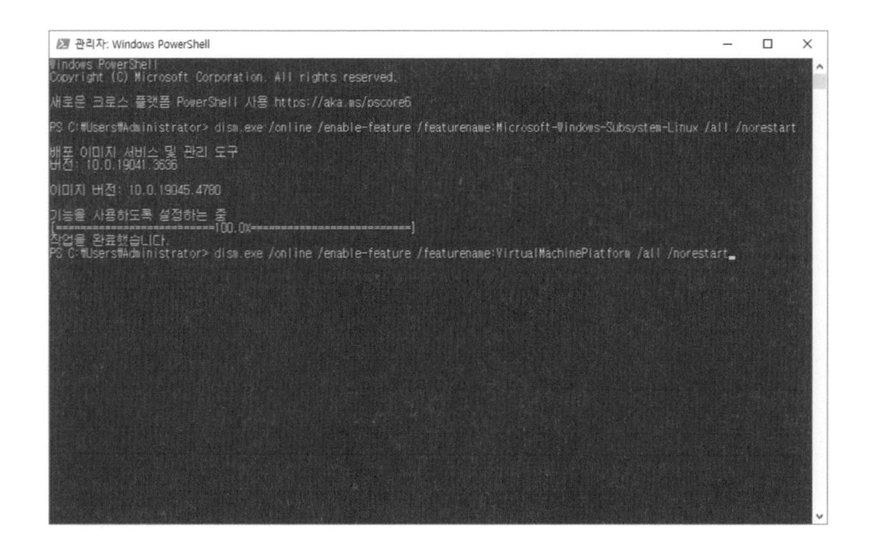

"작업을 완료했습니다."라는 안내 메시지가 나오면 인터넷 브라우저(크롬, 엣지, 사파리 등)를 실행 후, 아래 URL에 접속한 다음 'x64 머신용 최신 WSL2 Linux 커널 업데이트 패키지'를 클릭하여 리눅스 커널 업데이트 패키지를 다운로드한다.

https://learn.microsoft.com/ko-kr/windows/wsl/install-manual#step-4---download-the-linux-kernel-update-package

4단계 - Linux 커널 업데이트 패키지 다운로드

Linux 커널 업데이트 패키지는 Windows 운영 체제 이미지 내에서 WSL을 실행하기 위해 WSL 2 Linux 커널의 최신 버전을 설치합니다. (더 자주 푸시되는 업데이트와 함께 Microsoft Store에서 WSL을 실행하려면 `wsl.exe --install` 또는 `wsl.exe --update`을(를) 사용합니다.)

1. 최신 패키지를 다운로드합니다.
   - x64 머신용 최신 WSL2 Linux 커널 업데이트 패키지

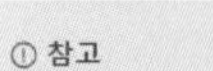

> ⓘ 참고
>
> ARM64 머신을 사용하는 경우 **ARM64 패키지**를 대신 다운로드하세요. 사용하고 있는 머신의 종류를 잘 모르는 경우 명령 프롬프트 또는 PowerShell을 열고 `systeminfo | find "System Type"`을 입력합니다. **주의:** 비 영어 Windows 버전에서는 "시스템 유형" 문자열을 변환하여 검색 텍스트를 수정해야 할 수 있습니다. find 명령에 대한 따옴표는 이스케이프해야 할 수도 있습니다. 예를 들어 독일어 `systeminfo | find '"Systemtyp"'` 입니다.

2. 이전 단계에서 다운로드한 업데이트 패키지를 실행합니다. (실행하려면 두 번 클릭 - 관리자 권한을 요구하는 메시지가 표시되면 '예'를 선택하여 이 설치를 승인합니다.)

설치가 완료되면 새 Linux 배포를 설치할 때 WSL 2를 기본 버전으로 설정하는 다음 단계로 이동합니다. (새 Linux 설치를 WSL 1로 설정하려면 이 단계를 건너뜁니다.)

> ⓘ 참고
>
> 자세한 내용은 **Windows 명령줄 블로그**에서 사용할 수 있는 **WSL2 Linux 커널업데이트 변경** 문서를 참조하세요.

WSL2 Linux 커널 업데이트 패키지(wsl_update_x64.msi) 파일의 다운로드가 완료되면 더블클릭해 설치한다. (만약, 설치파일이 잘 실행되지 않으면 PC 재부팅 후 다시 실행하면 된다.)

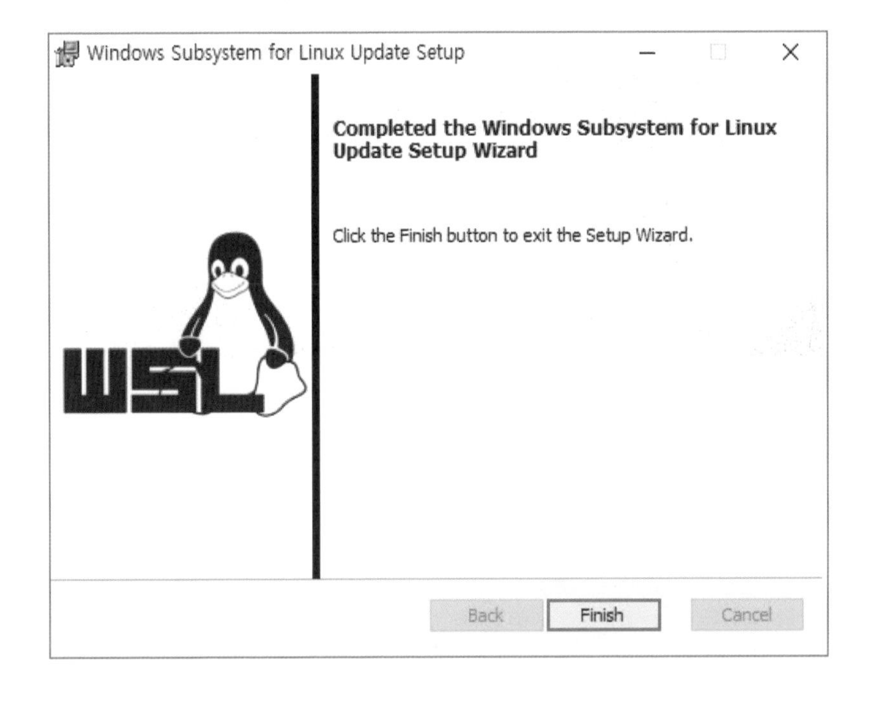

'Finish' 버튼을 눌러 설치가 끝까지 완료되면 다시 Windows Power-shell로 돌아가 아래 세 번째 명령어를 입력 후 키보드 엔터(Enter)를 누른다. (만약, Windows Powershell을 종료하였을 경우 Windows Powershell을 다시 실행하여 세 번째 명령어부터 입력하면 된다.)

```
wsl --set-default-version 2
```

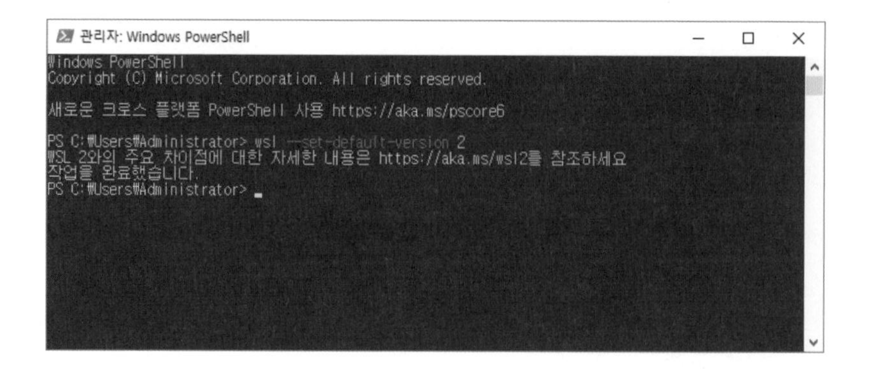

"작업을 완료했습니다."라는 안내 메시지가 나오면 Windows Powershell을 종료하면 된다.

● 도커(Docker) 설치하기

아래 URL에 접속하여 도커 최신 버전을 다운로드 한다. 윈도우 PC의 경우 'Windows'를 클릭하면 된다.

https://docs.docker.com/desktop/release-notes/

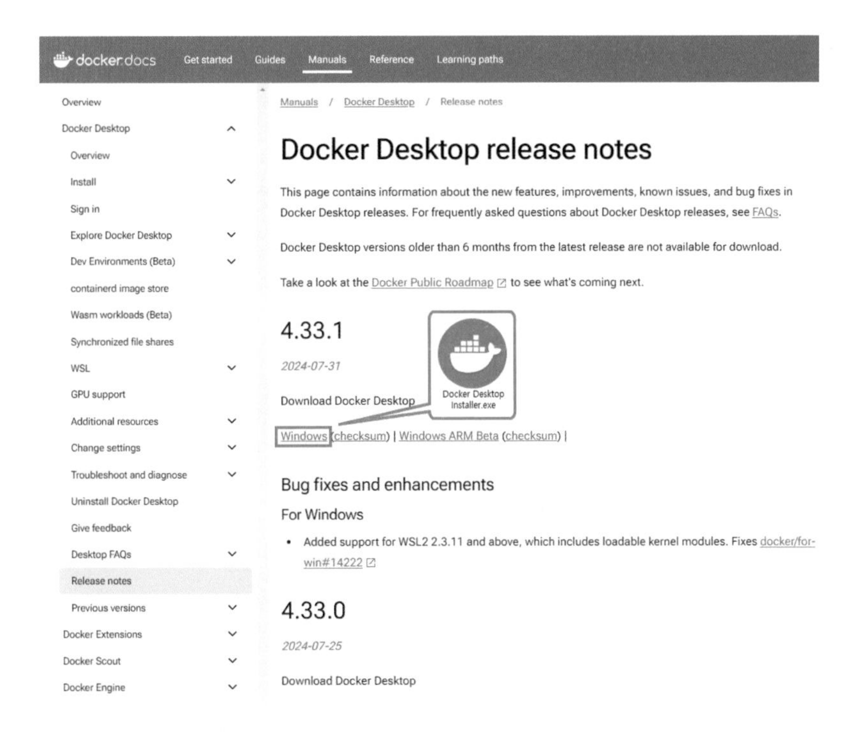

다운로드한 'Docker Desktop Installer.exe'을 더블클릭하여 설치

마법사를 실행한다. 설치 옵션은 기본적으로 체크되어 있는 그대로 계속 진행해 설치해 주면 된다.

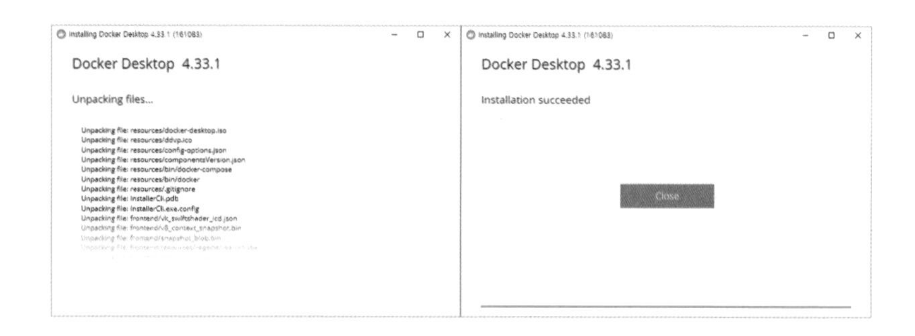

도커가 다 설치되면 바탕화면의 'Docker Desktop'을 더블클릭하여 실행한다.

Docker Subscription Service Agreement

By selecting **accept**, you agree to the Subscription Service Agreement, the Docker Data Processing Agreement, and the Data Privacy Policy.

Commercial use of Docker Desktop at a company of more than 250 employees OR more than $10 million in annual revenue requires a paid subscription (Pro, Team, or Business). See subscription details

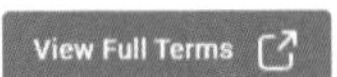

도커 구독 서비스 약관을 확인하고 'Accept(수락)'를 클릭한다. 개인은 무료로 사용할 수 있지만, 기업용으로 사용하기 위해서는 돈을 내고 구독해야 한다.

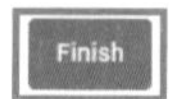

'Use recommended settings'를 선택하고 'Finish(마치기)'를 클릭한다.

Welcome to Docker

Skip

Work Personal

Using Docker for work?
We recommend signing in with your work email address.

Work email address

Continue

Or

Create an account

Skip

Welcome Survey

Step 1 of 2

What's your role?

- Full-stack developer
- Front-end developer
- Back-end developer
- Site reliability engineer
- Platform engineer
- DevOps specialist
- Infrastructure manager
- System administrator
- Security engineer
- Data scientist
- Product manager
- Teacher
- Student
- Other

이메일 로그인, 설문조사는 우측 상단의 'Skip(건너뛰기)'을 눌러 건너뛰어도 무방하다.

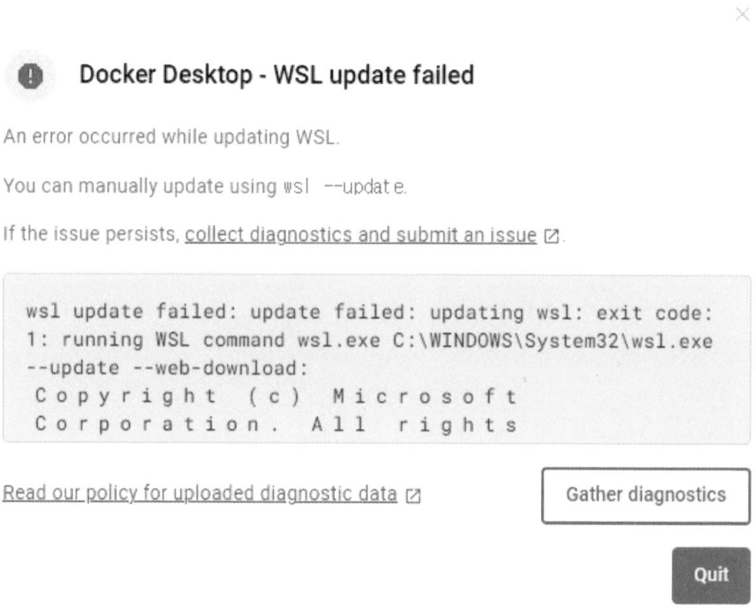

Docker Desktop - WSL update failed

An error occurred while updating WSL.

You can manually update using wsl --update.

If the issue persists, collect diagnostics and submit an issue.

```
wsl update failed: update failed: updating wsl: exit code:
1: running WSL command wsl.exe C:\WINDOWS\System32\wsl.exe
--update --web-download:
 C o p y r i g h t   ( c )   M i c r o s o f t
 C o r p o r a t i o n .   A l l   r i g h t s
```

Read our policy for uploaded diagnostic data

Gather diagnostics

Quit

만약 도커 실행 시 위와 같은 'Docker Desktop - WSL update failed' 에러 메시지가 나오면, Windows Powershell을 관리자 권한으로 다시 실행한 후, 아래 명령어를 입력하고, 키보드 엔터(Enter)를 눌러 WSL을 업데이트한 다음, 다시 도커를 실행하면 된다.

```
wsl --update
```

도커(고래 모양 아이콘)가 작업표시줄 우측 하단 시스템 트레이 앱 목록 중 하나로 포함되어 있고, 도커를 켰을 때 왼쪽 하단에 'Engine running'이라고 표시가 되어 있으면 제대로 작동하고 있는 것이다.

● 포트 포워딩 (통신사 인터넷, 공유기 사용 시)

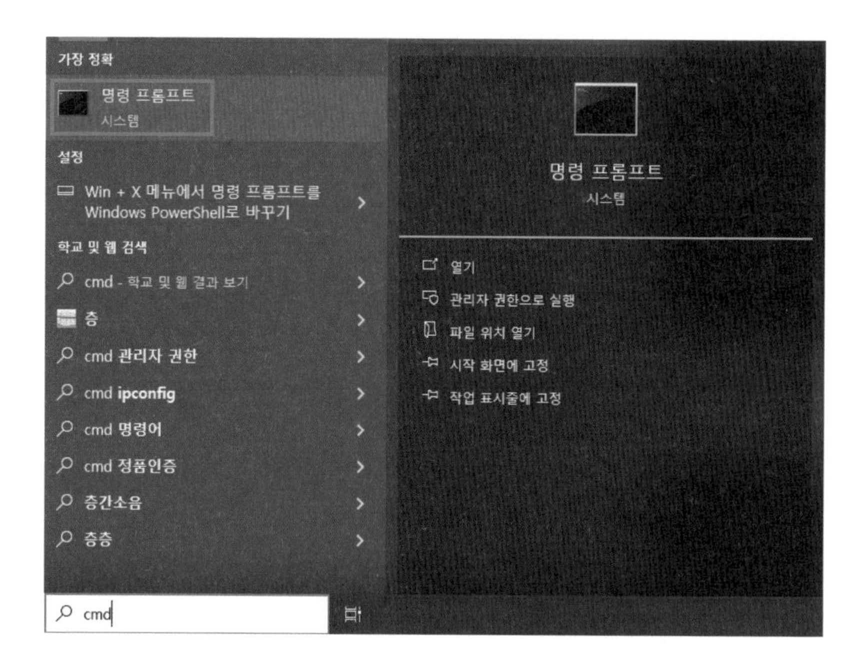

윈도우즈 작업표시줄 검색 창에 'cmd'라고 입력하여 명령 프롬프트를 실행한다. 한글로 '명령 프롬프트'라고 입력해도 된다.

명령 프롬프트가 실행되면 아래 명령어를 입력 후, 키보드 엔터(Enter)를 누른다.

ipconfig /all

내 컴퓨터의 IP 주소 등이 나열된다.

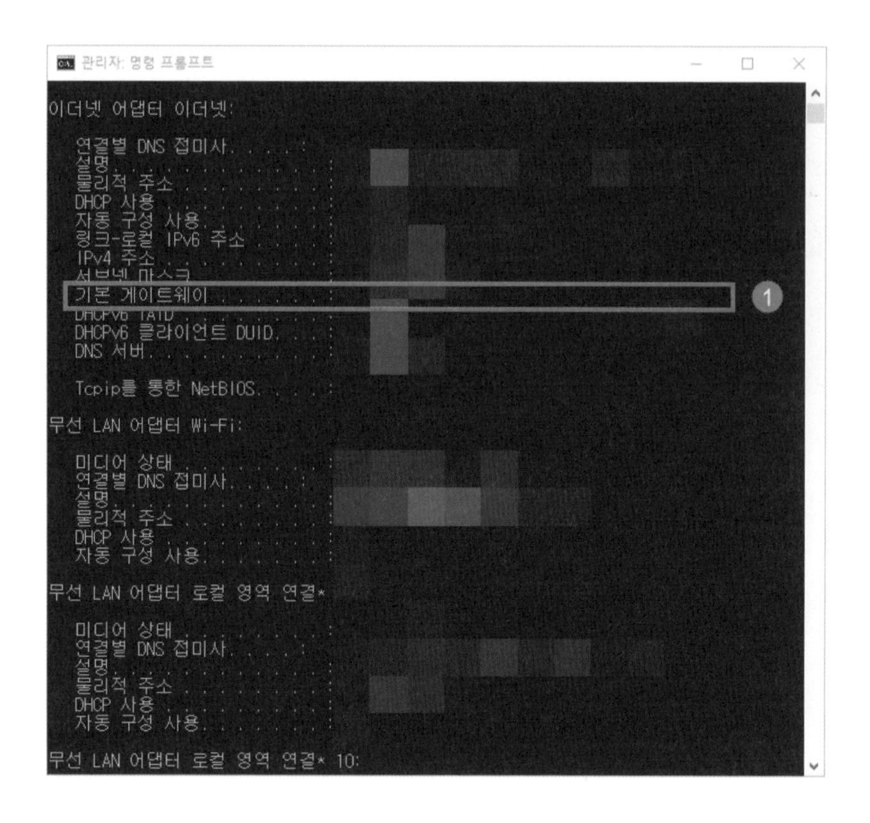

① 기본 게이트웨이: 옆에 있는 표시된 부분의 아이피 주소를 인터넷 브라우저(크롬, 엣지, 사파리 등)에 붙여넣기하고 키보드 엔터(Enter)를 누르면 본인 PC에 연결된 인터넷 공유기 설정에 접속할 수 있는 화면이 나타난다. 이 설정 화면은 통신사별로 다르다.

각 통신사별 공유기 관리자 웹에 로그인한다. 관리자 웹 접속 비밀번호는 초기 설정을 변경하지 않았다면 아래를 참고하면 된다.

국내 주요 통신사 별 관리자 웹 접속 정보

통신사	계정 접속 정보	
KT	아이디: ktuser	비밀번호: homehub
SKT	사용자 ID: admin	비밀번호: 공유기 뒷면 유선 MAC 마지막 6자리_admin
LG U+	패스워드: 공유기 뒷면 AP설정 웹페이지 밑에 있는 암호	

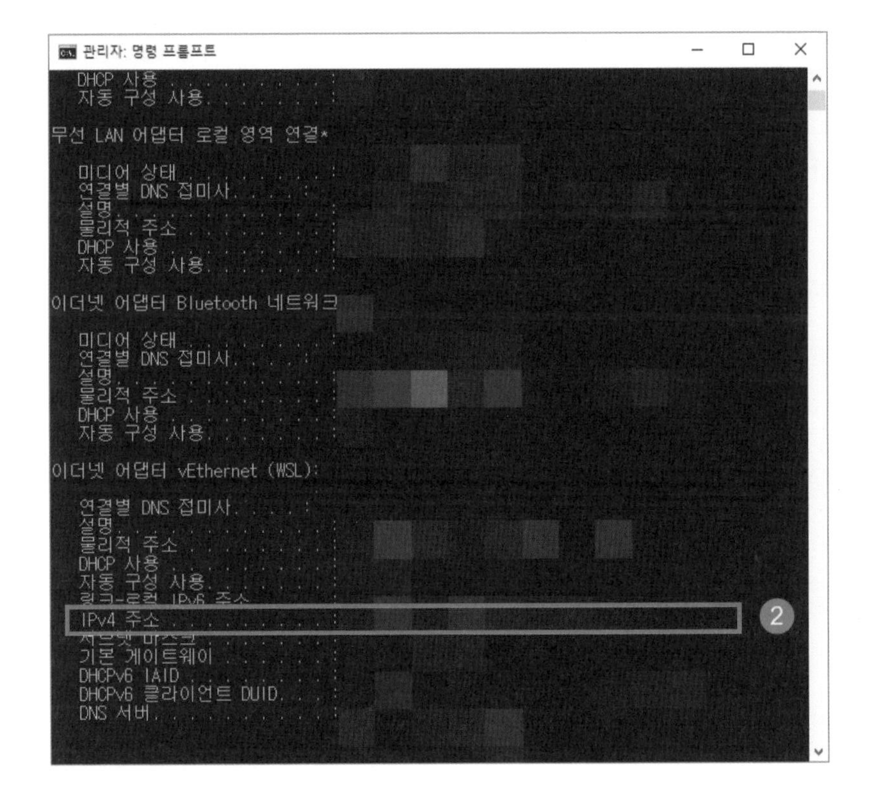

① 기본 게이트웨이 주소를 입력하고 웹 관리자에 로그인하였으면 다음과 같은 순서를 통해 포트포워딩 설정 화면으로 이동한다.

고급설정(아니면 장치설정 또는 네트워크 설정) → NAT 설정(아니면 NAT/라우터 관리 또는 트래픽 관리) → 포트포워딩 또는 포트포워드 설정

포트포워딩 설정에서 내부 IP 주소 입력란에는 ② **IPv4 주소**를 입력하고, 외부(서비스) 포트 범위에는 31400-31400, 31401-31401, 31402-31402, 31403-31403, ……, 31409-31409를 입력하고, 내부 포트에는 31400부터 31409까지 입력하여 총 10개의 포트 번호를 추가 후, 설정을 저장하면 포트포워딩 설정이 완료된다.

● 파이 노드 스위치 켜기

파이 PC 앱에서 PC 모양 아이콘 Node를 클릭한다.(파이 PC 앱 설치 및 로그인 방법은 160페이지 참고)

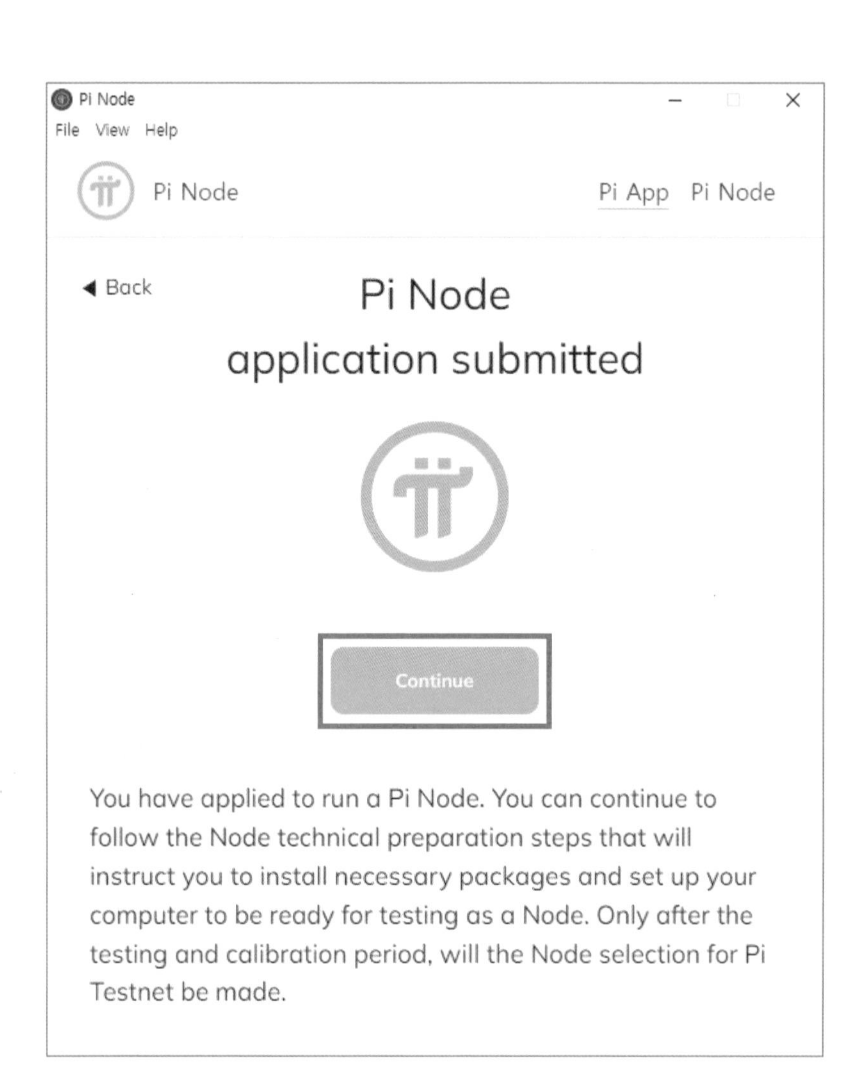

Pi Node application submitted 화면에서 'Continue' 버튼을 클릭한다.

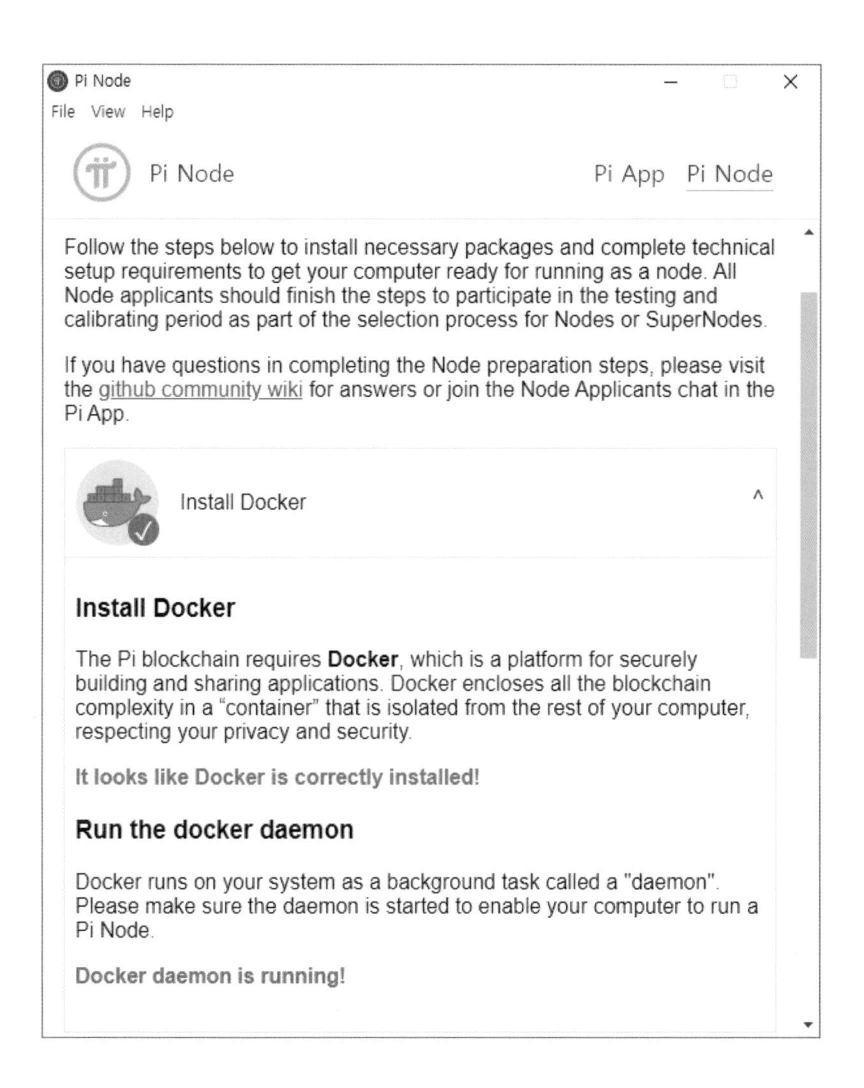

앞에서 도커의 설치 및 실행을 제대로 완료하였다면 위와 같이 초록색 글씨로 'It looks like Docker is correctly installed!', 'Docker daemon is running!'가 표시된다.

Pi Node

Pi App Pi Node

Open router ports

Strongly recommended for Nodes
Required for SuperNodes

Pi nodes communicate with each other through the following TCP/IP ports:

31400, 31401, 31402, 31403, 31404
31405, 31406, 31407, 31408, 31409

Please open these ports on your firewall and redirect the above ports from your router to this computer, if necessary.
Windows Firewall may show a dialog about Docker, in which case you need to click "Allow access".

In the future, we will try to make this step easier.

Downloading ports listener
Starting ports listener
Pinging your computer

Check now

Back Continue

스크롤을 내리면 앞서 설정한 라우터 포트 목록이 열려 있는지 체크할 수 있는 'Check now' 버튼을 볼 수 있다. 이 버튼을 누르고 잠시 기다리면 31400부터 31409까지 총 10개의 포트 중 몇 개의 포트가 열려 있는지 확인할 수 있다. (포트가 모두 열려 있지 않다고 해서 노드 보상이 없는 것은 아니다. 하지만, 가급적 해 주는 것이 좋다.)

'Continue' 버튼을 클릭하면 노드 스위치를 켤 수 있는 화면으로 이동한다.

Turn the Node on

You're enabled to run the Node version that contains the blockchain. By turning on the switch below, your computer will start running a Docker container that runs the consensus algorithm and enables you to observe the Pi Testnet. It will stay on until you switch it off. Switching off means your computer does not run the blockchain.

You're a node candidate. We have not selected the SuperNodes or Nodes that participate in the Pi Testnet yet which requires passing KYC. We will make selection soon.

Your computer is not running the blockchain

Visit tech setup   Troubleshooting

화면 중앙에 위치한 스위치를 토글하면 노드가 본격적으로 가동된다.

File View Help

Pi App Pi Node

Turn the Node on

You're enabled to run the Node version that contains the blockchain. By turning on the switch below, your computer will start running a Docker container that runs the consensus algorithm and enables you to observe the Pi Testnet. It will stay on until you switch it off. Switching off means your computer does not run the blockchain.

You're a node candidate. We have not selected the SuperNodes or Nodes that participate in the Pi Testnet yet which requires passing KYC. We will make selection soon.

Your computer is syncing with the blockchain (it may take hours)
Catching up to ledger 16909823: Download & apply checkpoints: num checkpoints left to apply:18 (30% done)
Local block number: 16908714
Latest block number: 16909858

Visit tech setup   Troubleshooting

잠시 기다리면 블록 수가 표시되고 실시간으로 숫자가 증가하는 것을 볼 수 있다. 하단 우측의 'Troubleshooting'을 누르면 노드의 상태를 상세 진단할 수 있는 화면으로 이동할 수 있다.

Troubleshooting

Diagnostics Info

Container

Consensus container enabled: Yes
Node switch on: Yes
PortsChecker container: exited
Consensus container: running

Consensus

State: Catching up
Protocol version: Latest
Latest block: 4 hours ago
Outgoing connections: 8
Incoming connections: 0
Supporting other nodes: No

Other

Pi Node version number: 0.4.11
Operating system: WINDOWS 10.0.19045 (Microsoft Windows 10 Pro)
Using Docker Toolbox: No
Node installation date: 2024-08-15
Availability (up to 90 days): 95.78% from 2024-08-15 to 2024-08-26

Actions

Remove all blockchain data from your computer. Please be cautious of using this action. It may take a while for you to restore your local blockchain data.

Run the optional blockchain API service

Back

이 상태로 노드 창을 최소화 해 놓거나, 닫기 버튼을 눌러 백그라운드 모드 상태로 두고 컴퓨터를 24시간 켜 놓으면 된다.

● 파이 블록체인 노드의 종류와 슈퍼 노드 선정 조건

파이 PC 앱은 노드 운영자만을 위한 앱이 아니다. 향후 모바일 외에도 다양한 운영체제 및 다양한 장치에서 파이 블록체인 기반의 서비스를 이용할 수 있도록 하는 앱이다. 이 앱에 로그인하고 서비스를 이용하는 것만으로도 보상을 얻을 수 있다. 물론, 참여 수준을 높일수록 보상률을 극대화할 수 있다.

파이 PC 소프트웨어의 세 가지 참여 수준

항목	컴퓨터 앱 (데스크탑 앱 인터페이스)	노드 (노드 인터페이스)	슈퍼 노드 (노드 인터페이스)
컴퓨터로 Pi 네트워크 앱에 액세스	✓	✓	✓
블록체인에 거래 제출	✕	✕	✓
블록체인의 유효성 검증	✕	✓	✓
모바일 앱 사용자에게 거래 제출 허용	✕	✕	✓
합의 참여	✕	✕	✓
다른 노드 또는 슈퍼 노드가 블록체인의 최신 상태를 가져오도록 도움	✕	✕	✓

파이 노드 및 슈퍼 노드 선정 기준

• 가동률 (일 년 365일, 24시간)
• 빠르고 안정적인 인터넷 연결
• (초창기에는) 로컬 라우터에서 포트 개방 능력
• 적절한 CPU와 메모리 성능
• 파이 커뮤니티에 대한 기여
• 보안 써클

4-4

파이 블록체인 앱 개발과 이용

파이 소셜 앱은 전문 지식을 갖춘 개발자가 아니어도 누구나 파이 블록체인을 활용한 사업을 제안하고 힘을 합쳐 그것을 이룰 수 있도록 설계되어 있다. 파이 네트워크는 2023년 파이2데이(6월 28일)부터 개발자 홍보대사라는 역할을 공식화하였다. 파이 생태계는 파이 블록체인 앱을 구축한 실무자뿐만 아니라, 그 실무자를 소개한 사람까지도 파이 생태계 앱 확장의 기여자로 인정하고 그 노력을 보존하고 있다.

● 개발자 홍보대사가 되는 방법

<table>
<tr><td>

개발자 홍보대사(Ambassador) ⓘ
Pi 생태계 확장

성공적인 Pi 앱을 구축하는 새로운 개발자를 초대하여 Pi 보상을 받으세요. [대시보드]

- 개발자 홍보대사는 개발자 또는 이미 기존 앱을 서비스하고 있는 사업가에게 파이 블록체인을 소개하고 그들의 앱과 파이 블록체인을 연결하는 역할이다.
- 개발자 또는 사업가인 파이오니어가 개발자 포털(Develop)에 신규 앱(New App)을 등록하면, 개발자 홍보대사도 대시보드를 통해 그들의 앱 구축 진행 상황을 확인할 수 있다.
- **개발자 홍보대사:** 개발자 홍보대사 대시보드는 파이(Pi) 앱 → 메뉴 ☰ → 역할 π → 개발자 홍보대사(Ambassador) 대시보드 버튼을 누르면 들어갈 수 있다.
- **개발자:** 개발자 포털은 파이(Pi) 앱 → 메뉴 ☰ → 파이 브라우저(Pi Browser) → Pi Browser 로그인하기 버튼 → 개발(Develop)을 누르면 들어갈 수 있다.

</td><td>

개발자 대사 대시보드 화면

개발자 대사(Ambassador) 대시보드

다음은 2023년 6월 28일 이후에 초대하고 개발자 포털에 앱을 등록한 개발자입니다. 여기에서 더 많은 사용자 이름을 볼 수 있도록 개발자를 초대하고 지원하고 각 개발자를 탭하여 Pi 앱의 상태와 진행 상황을 확인하세요. 팀에 연락하여 계속 설계하도록 격려하고 도움이 필요한지 확인하세요!

추천인 ⓘ

개발자 홍보(Ambassador) 프로그램 June 28, 2023의 시작 이후로 개발자를 소개하지 않았거나 Pi 개발자 포털에서 아직 앱을 만들지 않은 것 같습니다.

[친구 초대]

</td></tr>
</table>

● 브레인스토밍 앱을 통한 블록체인 사업 시작하기

브레인스토밍 앱은 파이(Pi) 앱 → 메뉴 ☰ → 파이 브라우저(Pi Browser) 🌐 → Pi Browser 로그인하기 버튼 → 브레인스토밍(Brainstrom)을 누르면 들어갈 수 있다. 이미 로그인되어 있다면 파이 브라우저(Pi Browser) 앱을 바로 실행하여 들어가도 된다.

브레인스토밍 앱에 들어가면 다양한 사람들이 제안한 아이디어를 볼 수 있고 투표를 할 수 있다. 이곳에서 괜찮은 사업 아이템(아이디어)에 자신도 같이 참여할 수도 있고, 자신이 직접 아이디어를 제안할 수도 있다.

주기적으로 열리는 파이 해커톤에 참여하려면 이 앱의 사용이 필수적이다.

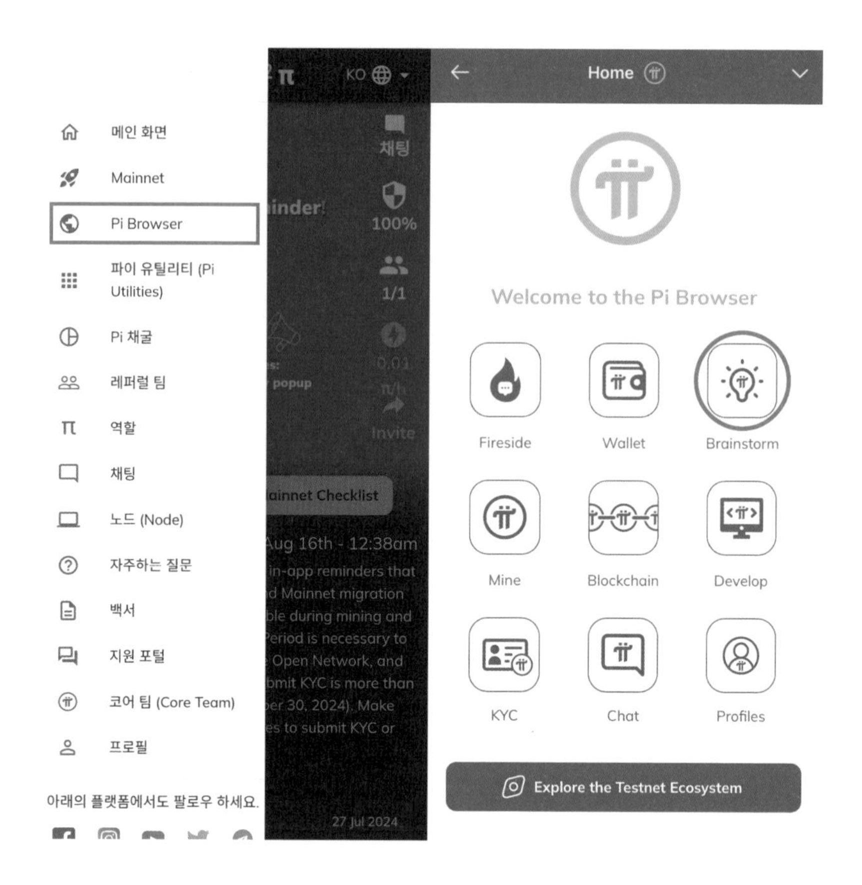
메인 화면
Mainnet
Pi Browser
파이 유틸리티 (Pi Utilities)
Pi 채굴
레퍼럴 팀
역할
채팅
노드 (Node)
자주하는 질문
백서
지원 포털
코어 팀 (Core Team)
프로필
아래의 플랫폼에서도 팔로우 하세요.
KO
채팅
100%
1/1
Invite
Home
Welcome to the Pi Browser
Fireside
Wallet
Brainstorm
Mine
Blockchain
Develop
KYC
Chat
Profiles
Explore the Testnet Ecosystem

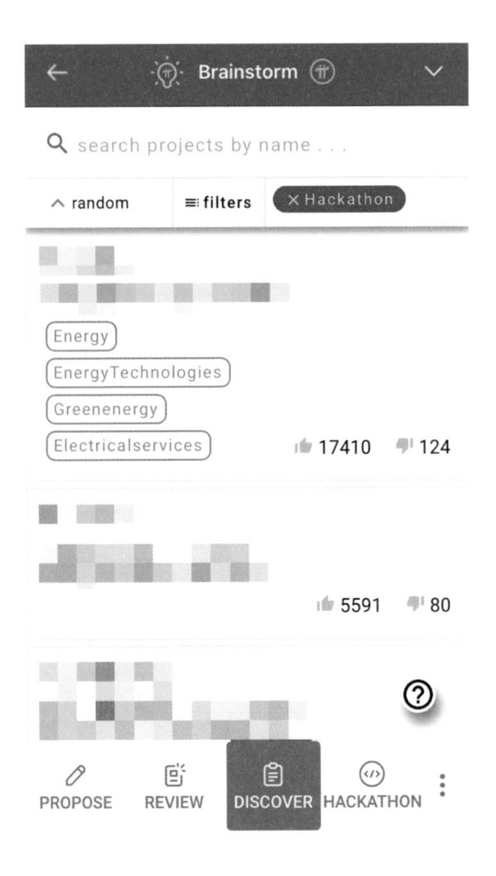

① 사업 제안하기

PROPOSE ✎를 누르면 사업(아이디어)을 제안할 수 있다.

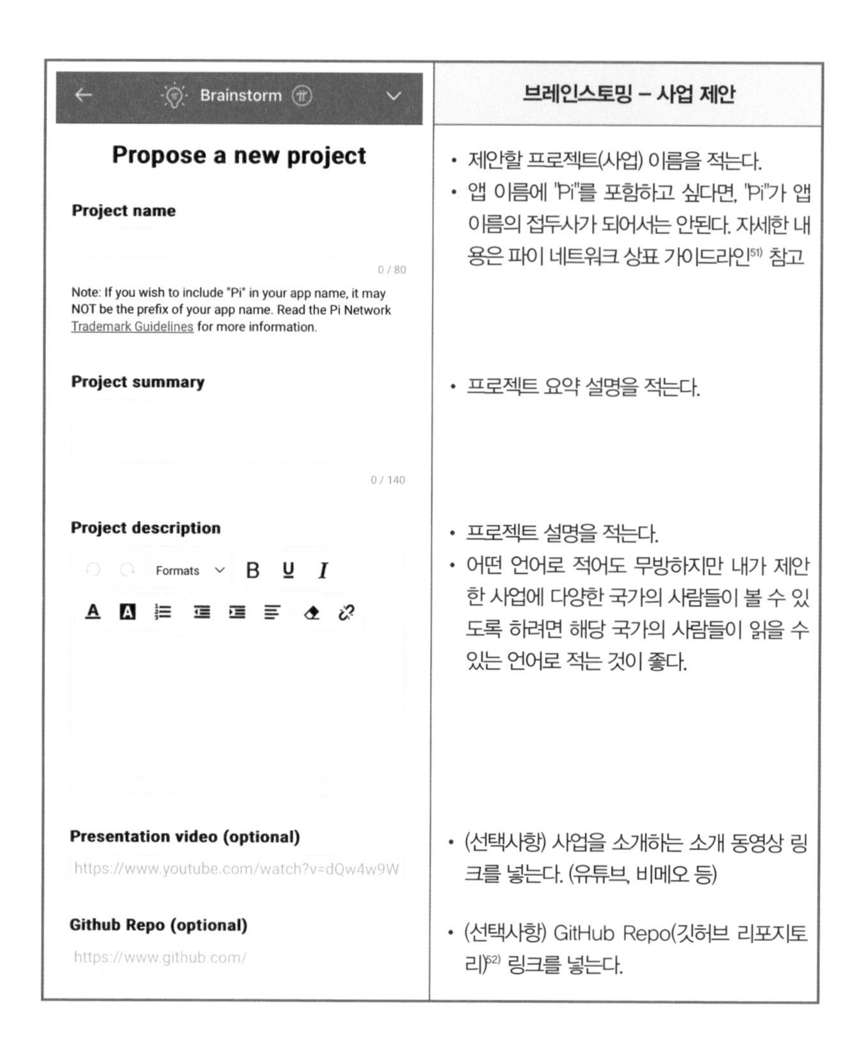

브레인스토밍 – 사업 제안

- 제안할 프로젝트(사업) 이름을 적는다.
- 앱 이름에 "Pi"를 포함하고 싶다면, "Pi"가 앱 이름의 접두사가 되어서는 안된다. 자세한 내용은 파이 네트워크 상표 가이드라인[51] 참고

- 프로젝트 요약 설명을 적는다.

- 프로젝트 설명을 적는다.
- 어떤 언어로 적어도 무방하지만 내가 제안한 사업에 다양한 국가의 사람들이 볼 수 있도록 하려면 해당 국가의 사람들이 읽을 수 있는 언어로 적는 것이 좋다.

- (선택사항) 사업을 소개하는 소개 동영상 링크를 넣는다. (유튜브, 비메오 등)

- (선택사항) GitHub Repo(깃허브 리포지토리)[52] 링크를 넣는다.

---

51) https://minepi.com/pi-trademark-guidelines

52) GitHub Repo(깃허브 리포지토리)는 깃허브(GitHub)에서 소스 코드와 프로젝트 파일을 저장, 관리, 공유할 수 있는 공간을 의미한다. 리포지토리에는 코드, 문서, 이슈 트래킹, 버전 관리 등이 포함되어 있으며, 개발자들이 협업하고 버전을 관리하는 데 유용한 도구이다. 각 리포지토리는 독립적인 프로젝트를 나타내며, 다른 사용자와 공동 작업을 쉽게 할 수 있도록 설계되어 있다.

Tags CREATE 5 non-special tags max. Each tag has a 25 characters limit.	• 태그를 넣는다. 최대 5개까지이며, 25자의 글자 수 제한이 있다.
What type of app is this project? ? ◯ Type 1: App with a business model ◯ Type 2: Ecosystem App (no business model necessary)	• 둘 중 어떤 종류의 앱인지 선택한다. • Type 1: 비즈니스 모델을 가진 앱 (예, 쇼핑몰 앱, 여행 앱 등) • Type 2: 생태계 앱 (예: 지갑 앱, KYC 앱 등)
Will you publish the project on Pi Open Source (PiOS) Software License ? ◉ No ◯ Yes	• 파이 오픈소스(PiOS) 라이선스에 게재 여부를 선택한다. • 'Yes'로 선택하면 파이 오픈소스에서 명시하는 지침[53]에 따라 앱을 개발하여야 하며 해당 앱은 파이 앱 깃허브 조직[54] 내에 새로운 리포지토리로 추가된다.
Will you build this Pi App project? ◉ No. I am just providing an idea. ◯ Yes	• 앱 개발까지 할 것인지, 아이디어만 제공할 것인지를 선택한다.
☐ I understand that by making my idea public, others may copy it and/or work on it without me, and I am ok with that. I have not included anything that I consider confidential or proprietary here.	• 파이 브레인스토밍 앱에 아이디어를 공개함에 따라 다른 사람이 이것을 복사하거나 이용할 수 있음을 인지하였음을 체크하는 항목이다.
SUBMIT Your submission will be reviewed before being published. Please do not submit duplicate projects to the existing ones. If for some reason you need to submit a similar project, please explain the precise reasons why this is different	• 제출(SUBMIT) 버튼을 누르면 아이디어 제출이 완료된다. • 제출된 아이디어는 최종적으로 공개되기 전에 코어팀에 의해 검토된다. • 이미 올려져 있는 것과 중복된 프로젝트는 기존 아이디어와는 다른 상세한 이유가 설명되어 있지 않으면 신청이 거절될 수 있다.

53) https://github.com/pi-apps/PiOS
54) https://github.com/pi-apps

② 사업 참여하기

브레인스토밍 앱에서 각 사업 아이디어를 누르면 아이디어 상세 정보를 볼 수 있고, 팀에 합류할 수도 있다.

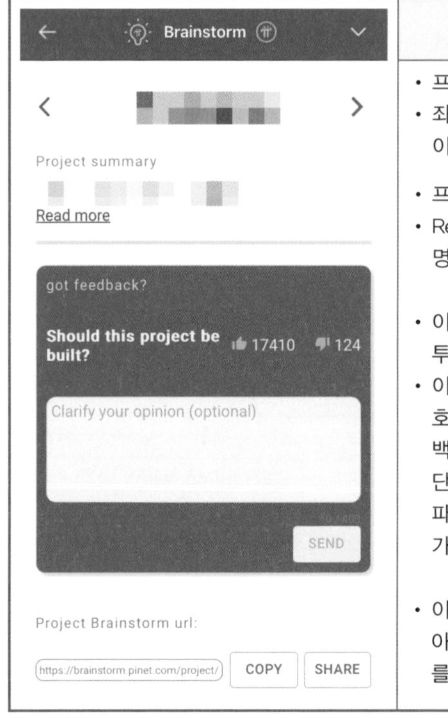

브레인스토밍 – 사업 참여
• 프로젝트의 제목이 표시된다. • 좌 · 우 화살표를 누르면 다른 프로젝트로 이동할 수 있다.
• 프로젝트의 요약 설명이 표시된다. • Read more를 누르면 프로젝트의 상세 설명을 볼 수 있다.
• 이 사업 아이디어에 대해 피드백을 남기고 투표할 수 있다. • 이렇게 사업 제안을 둘러보고 투표하는 상호작용은 사업 제안자에게는 중요한 피드백 자료가 될 뿐만 아니라, 투표자에게는 간단한 활동만으로도 유틸리티 사용 보너스와 파이 채굴률 인센티브를 높일 수 있는 기회가 된다.
• 이 사업 아이디어에 대해 혼자만 보는 것이 아니라 다른 사람이 쉽게 볼 수 있도록 링크를 빠르게 공유할 수 있다.

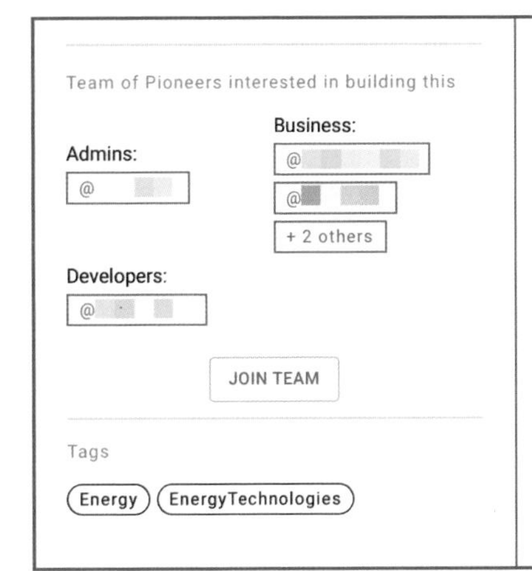

- 프로젝트에 참여하고 있는 사람들의 목록을 확인할 수 있다.
- 앱을 직접 구축하거나(Developers), 사업 제휴를 맺거나(Business), 사업을 관리 · 감독하는(Admin) 주체로 팀에 합류할 수 있다.
- 팀에 가입(JOIN TEAM) 버튼을 누르면 역할 포지션을 선택하고 지원서를 작성 및 제출할 수 있다.
- 이 앱과 관련된 태그가 표시된다.

● 파이 앱 개발과 파이 블록체인에 앱을 구축하면 좋은점

① 파이 앱 개발

파이 블록체인 앱을 개발하려는 개발자는 깃허브(Github) 문서로 작성된 아래 '1. Pi 개발자 가이드'를 읽어 보는 것을 추천한다. 이곳에서 파이 블록체인 앱 개발에 필요한 프로세스를 상세히 읽어 볼 수 있다.

1. Pi 개발자 가이드	
https://pi-apps.github.io/community-developer-guide	
2. Pi 앱 개발 문서(깃허브) 및 SDK(Software Development Kit)	
https://github.com/pi-apps/pi-platform-docs	
3. Pi SDK를 활용하여 블록체인 앱을 개발한 예시 블로그	
https://minepi.com/blog/build-blockchain-app	

파이 앱을 개발하기 위해서는 파이 브라우저의 개발(Develop) 앱에서 앱을 등록하여야 한다. 이곳에서 파이 블록체인 앱 백엔드에 액세스하는데 필요한 API 키를 부여받을 수 있다. 생성한 API 키는 노출되지 않도록

주의해야 한다.

개발 앱은 파이(Pi) 앱 → 메뉴 → 파이 브라우저(Pi Browser) → Pi Browser 로그인하기 버튼 → 개발(Develop)을 누르면 들어갈 수 있다. 이미 로그인되어 있다면 파이 브라우저(Pi Browser) 앱을 바로 실행하여 들어가도 된다.

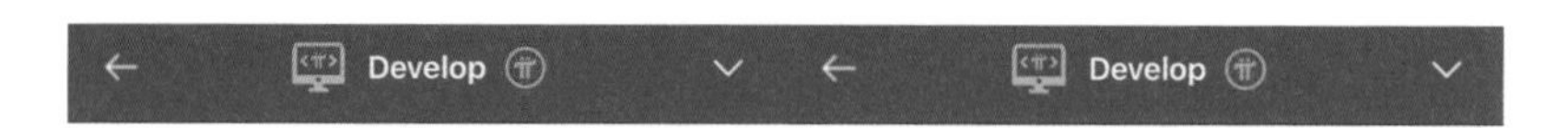

My Apps

Help New App Hackathon

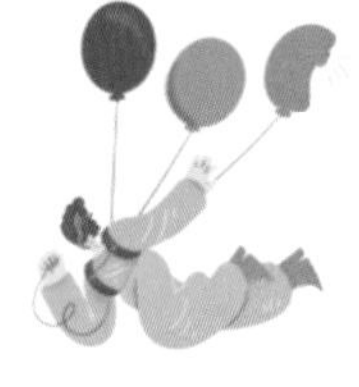

Ooops...

It seems that there are no apps currently available at this time. But you can create your own any time!

Create App

Create App

App Name

E.g. Music Marketplace

If this app is listed on brainstorm.pi please make sure it has the same name. 0/80

Description

Write here a short description of your app, for people to know more about your app.

This is the same as "project summary" on brainstorm.pi 0/140

App Networks

Pi Testnet

Select the network your app is connecting to

Submit

② Pi 블록체인에 앱을 구축하면 좋은 점

Pi 네트워크는 성장 가능성이 무한한 웹3.0 생태계 환경을 제공한다. 파이 블록체인 앱을 구축하는 가장 큰 이유는 이러한 혁신적인 생태계를 자발적으로 구성하고 있는 가짜 봇이 아닌 진짜 사람으로 구성된 6,000만 명 이상의 사용자에게 앱을 서비스할 수 있기 때문이다.

Pi 네트워크의 수평적이고 공정한 보상 시스템은 기존 웹2.0의 수직적인 보상 구조를 허물고 새로운 웹 생태계를 창조하는 웹3.0 환경에서 앱이 빠른 속도로 완성도를 높이고 발전할 수 있도록 돕는다.

이러한 환경은 사용자와 개발자 간의 상호작용이 원활해지고 앱이 더욱 혁신적으로 나아가는 데 필요한 양분을 제공한다. 파이 앱은 마치 구성원들이 서로 끊임없이 상호작용하고 주변 환경에 따라 적응해 나가는 지구의 생태계처럼, 변화에 민첩하게 대응하고 지속 가능한 앱을 구축해 나갈 수 있는 토대라고 할 수 있다.

파이 블록체인에 앱을 구축하면 좋은 점

1. 가짜 봇이 아닌 진짜 사람으로 구성된 6,000만 명 이상의 사용자
2. 빠른 속도와 낮은 거래 수수료를 가진 친환경 블록체인 활용
3. 블록체인이나 암호화폐 개발 경험이 없는 개발자도 웹3.0 앱 구축 가능
4. 블록체인 분산 원장에 기반한 수평적 구조의 다양한 비즈니스 모델 개발 가능
5. 웹2.0에 비해 경쟁이 덜한 시장, 충성도 높은 초기 사용자들로 구성된 커뮤니티
6. 사용자의 참여도가 높은 웹3.0 기반 광고 네트워크에 쉽게 액세스 (웹2.0 기반보다 높은 광고 효율 기대)
7. Pi 코인 보상

● 파이 블록체인 지갑 활용 방법

보유한 파이코인은 파이코인을 수용하는 전 세계 다양한 곳에서 사용할 수 있다. 별도의 암호화폐 지갑 앱을 설치하지 않았더라도 파이 앱과 파이 브라우저만 설치되어 있다면 언제 어디서든 파이코인으로 결제가 가능하다.

파이 지갑 앱은 파이(Pi) 앱 → 메뉴 ☰ → 파이 브라우저(Pi Browser) 🌏 → Pi Browser 로그인하기 버튼 → 지갑(Wallet)을 누르면 들어갈 수 있다. 이미 로그인되어 있다면 파이 브라우저(Pi Browser) 앱을 바로 실행하여 들어가도 된다.

우리가 흔히 사용하는 아이디와 비밀번호로 로그인하는 앱과는 달리, 파이 지갑은 사용자가 자신의 비밀구절이나 개인 키를 통해 직접 자산을 관리하는 비수탁형 지갑(Non-custodial Wallet)이다. 이러한 유형의 지갑은 사용자가 개인정보를 회사에 위탁하지 않고 개인 스스로가 암호화폐 자산에 대한 완전한 통제 권한을 가진다. 개인 키는 오직 사용자만 간직할 수 있다. 본인이 아닌 제3자는 지갑 및 자산에 접근할 수 없으므로 보안성과 개인정보 보호가 탁월하다는 장점이 있지만, 비밀구절이나 개인 키를 잃어버릴 경우 해당 지갑의 자산은 영원히 복구할 수 없다는 단점도 있다. 그러므로 **최초 지갑 생성 시 24단어 비밀구절은 반드시 본인만이 아는 곳에 잘 간직해 놓아야 한다.**

이후에는 매번 24단어 비밀구절을 입력하지 않고도 'Touch ID로 잠금 해제'를 통해 간편하게 지문으로도 지갑에 접속이 가능하다.

지갑 앱에 접속하면 지갑에 있는 파이코인 잔액과 최근 거래 내역이 표시된다. 파이코인 잔액은 '보유한 잔액'과 '사용 가능한 잔액' 이렇게 두 가지로 표시된다. 당장 쓸 수 있는 코인은 사용 가능한 잔액에 표시된 수량이다. 파이코인은 일정량을 락업(일정 기간 사용하지 못하는 상태로 전환, 다음 장에서 자세히 설명)하면 파이 앱의 채굴률을 높일 수 있는 옵션이 있다.

파이코인을 보내거나 받으려면 지불 / 요청 버튼을 누르면 된다.

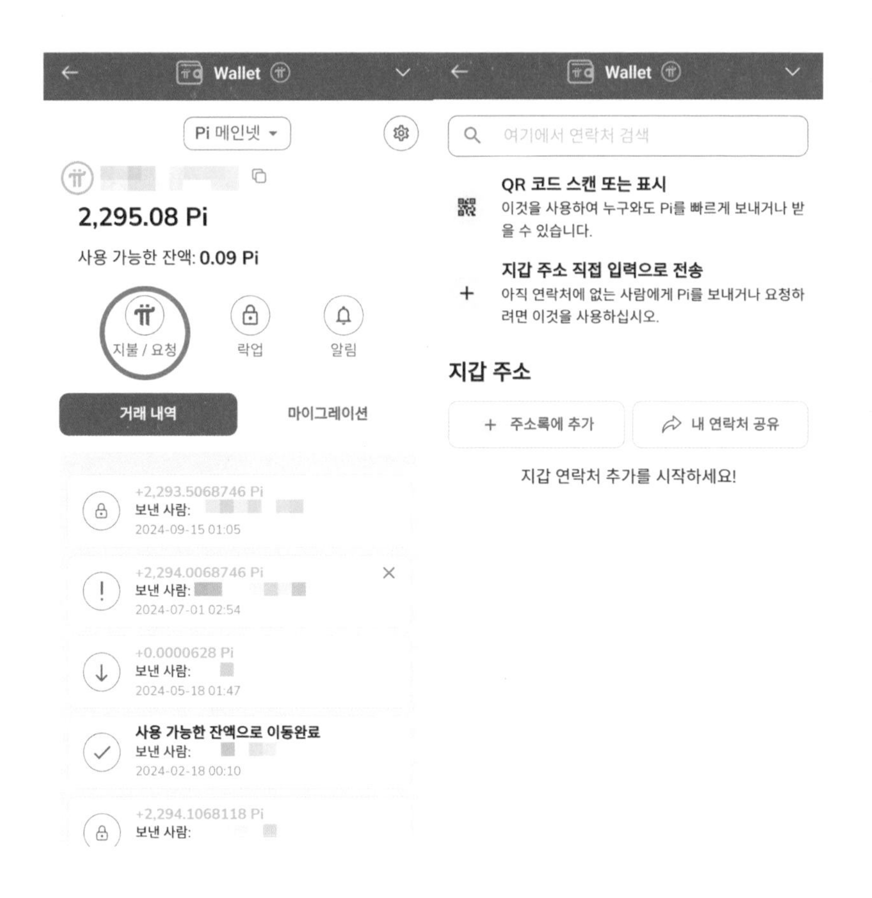

'QR 코드 스캔 또는 표시 ▦ '를 누르면 파이코인을 받기 위해 자신의 QR코드를 표시하거나, 상대방의 QR코드를 스캔하여 코인을 보낼 수 있는 QR코드 스캔 기능이 제공된다.

'지갑 주소 직접 입력으로 전송 + '을 누르면 상대방의 지갑 주소를 직접 입력하여 파이코인을 전송할 수 있는 기능이 제공된다.

자주 거래를 하는 곳이 있다면 '주소록에 추가' 버튼을 눌러 미리 상대방의 지갑 주소를 저장해 놓을 수도 있다.

반대로 상대방이 내 지갑 주소를 쉽게 저장할 수 있도록 '내 연락처 공유' 버튼을 눌러 내 지갑 주소를 상대방에게 빠르게 공유할 수 있는 기능도 제공된다.

파이코인 지갑은 지속적으로 개선되고 있으며, 스마트 기기의 기능 향상과 더불어 더욱 편리하고 안전한 사용 환경, 새로운 기능들을 제공할 것으로 기대된다.

4-5

KYC 인증 및 마이그레이션 진행 방법

● 메인넷 체크리스트

앱 상단 중앙에 표시된 파이코인은 인증 과정을 거쳐 메인넷 지갑으로 옮겨져야지만, 실제로 사용할 수 있다. 메인넷으로 이전(Migration)에 필요한 인증 과정을 쉽게 할 수 있도록 파이 앱은 체크리스트(Check List)를 제공하고 있다. 파이가 독자적으로 가지고 있는 KYC(Know Your Customer) 시스템은 AI 검증과 인간 교차 검증을 동시에 수행하기 때문에 가짜 계정 판별에 높은 정확도를 가지고 있다.

메인넷 체크리스트는 파이(Pi) 앱 → 메뉴 → 메인넷(Mainnet) → 메인넷 체크리스트 버튼을 누르면 들어갈 수 있다.

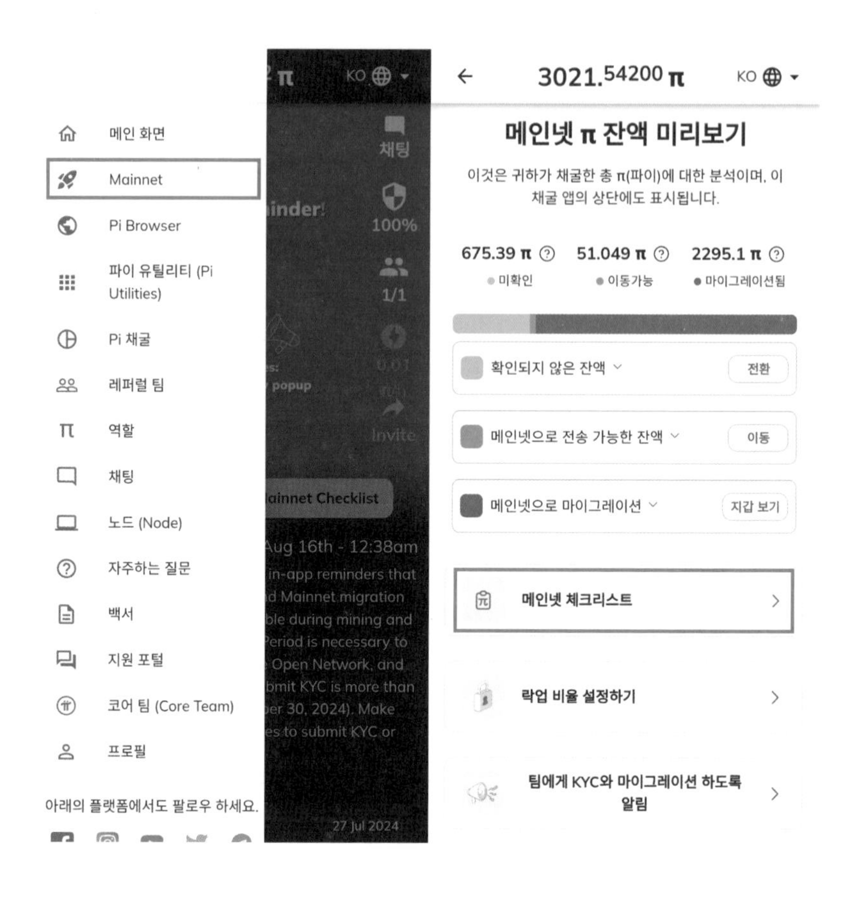

체크리스트에서 완료한 항목은 초록색, 진행 가능한 항목은 보라색, 앞선 과정을 수행하지 않아 진행이 비활성화된 항목은 회색으로 표시된다. 여기서, 해야 할 과정을 한눈에 확인할 수 있을 뿐만 아니라, 각 항목을 누르면 해당 과정을 수행할 수 있는 위치로 바로 이동하여 필요한 항목을 진행할 수 있기 때문에 편리하다.

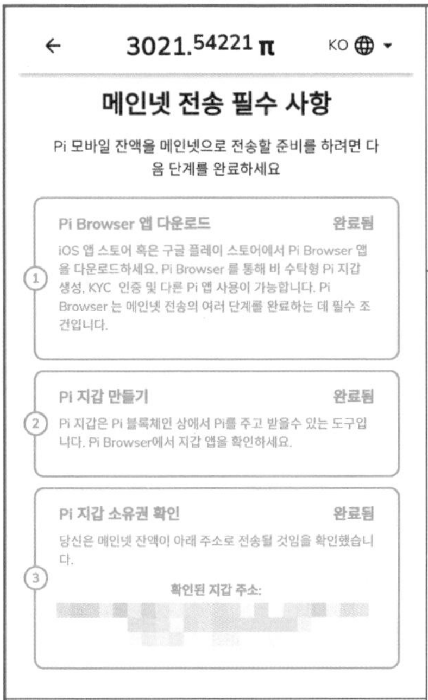

3021.54221 π KO

메인넷 전송 필수 사항

Pi 모바일 잔액을 메인넷으로 전송할 준비를 하려면 다음 단계를 완료하세요

① **Pi Browser 앱 다운로드** 완료됨

iOS 앱 스토어 혹은 구글 플레이 스토어에서 Pi Browser 앱을 다운로드하세요. Pi Browser 를 통해 비 수탁형 Pi 지갑 생성, KYC 인증 및 다른 Pi 앱 사용이 가능합니다. Pi Browser 는 메인넷 전송의 여러 단계를 완료하는 데 필수 조건입니다.

② **Pi 지갑 만들기** 완료됨

Pi 지갑은 Pi 블록체인 상에서 Pi를 주고 받을수 있는 도구입니다. Pi Browser에서 지갑 앱을 확인하세요.

③ **Pi 지갑 소유권 확인** 완료됨

당신은 메인넷 잔액이 아래 주소로 전송될 것임을 확인했습니다.

확인된 지갑 주소:

※ (중요) **비밀구절**과 **개인 키**는 반드시 도난이나 해킹으로부터 안전한 자신만 아는 곳에 적거나 잘 보관해 놓아야 한다.

지갑 생성 시 비밀구절이나 개인 키를 카카오톡이나 문자 등에 복사 · 붙여넣기 하는 것은 삼가야 한다. 글자를 복사할 때 기기에 데이터가 임시저장이 되는데 이렇게 임시저장된 상태로 해킹 의도가 있는 사이트에 접속하게 되면 임시저장된 비밀구절이 타인에게 전송될 수 있기 때문이다.

1. 파이 브라우저(Pi Browser) 앱 다운로드

: 파이 브라우저 앱은 구글 플레이스토어 또는 애플 앱스토어에서 Pi Browser라고 검색하면 쉽게 앱을 설치할 수 있다.

2, 3. 파이 지갑 만들기 및 소유권 확인

: 파이코인 지갑은 메타마스크나 팬텀, 케플러 등과 마찬가지로 비수탁형 지갑[55]으로 비밀구절의 철저한 관리가 필요하다.

비수탁형 지갑은 **비밀구절**과 **개인 키**, 그리고 **지갑주소(공개 키)**로 구성되어 있다.

비수탁형 암호화폐 지갑의 구성요소

- **비밀구절:** 암호화폐 지갑의 개인 키를 생성하는 데 사용되는 단어의 조합으로, 지갑의 복구와 접근을 가능하게 한다. 파이코인 지갑은 매번 비밀구절을 입력하지 않아도 지문인식을 통해 지갑에 접속할 수 있는 기능을 제공한다.
- **개인 키:** 암호화폐 자산에 대한 접근 권한을 부여하는 비밀 숫자이며, 이를 통해 거래에 서명하고 자산을 관리한다.
- **지갑 주소(공개 키):** 사용자 간에 암호화폐를 주고받을 때 사용하는 고유한 문자열로, 공개적으로 공유할 수 있다. 파이코인 지갑은 이 공개 키를 QR코드로 바꾸거나 스캔하는 기능을 갖추고 있다.

---

55) 비수탁형 지갑(Non-custodial Wallet)은 사용자의 자산을 제3자에게 위탁하여 사용하는 수탁형 지갑(Custodial Wallet)과는 다르게(수탁형 지갑에서 사용자는 보통 아이디와 비밀번호로 지갑 앱에 접속한다.) 사용자가 직접 자신의 비밀구절(시드 문구)과 지갑 주소를 통해 자산을 직접 관리하는 디지털 지갑이다. 이는 중앙 집중식 서비스에 의존하지 않고, 사용자가 자신의 자산에 대한 완전한 통제권을 가지게 함으로써 보안을 강화한다. (수탁형 지갑 예시: 업비트, 빗썸, 바이낸스, 코인베이스 등 거래소 지갑, 비수탁형 지갑 예시: 파이코인 지갑, 메타마스크, 팬텀, 케플러 등)

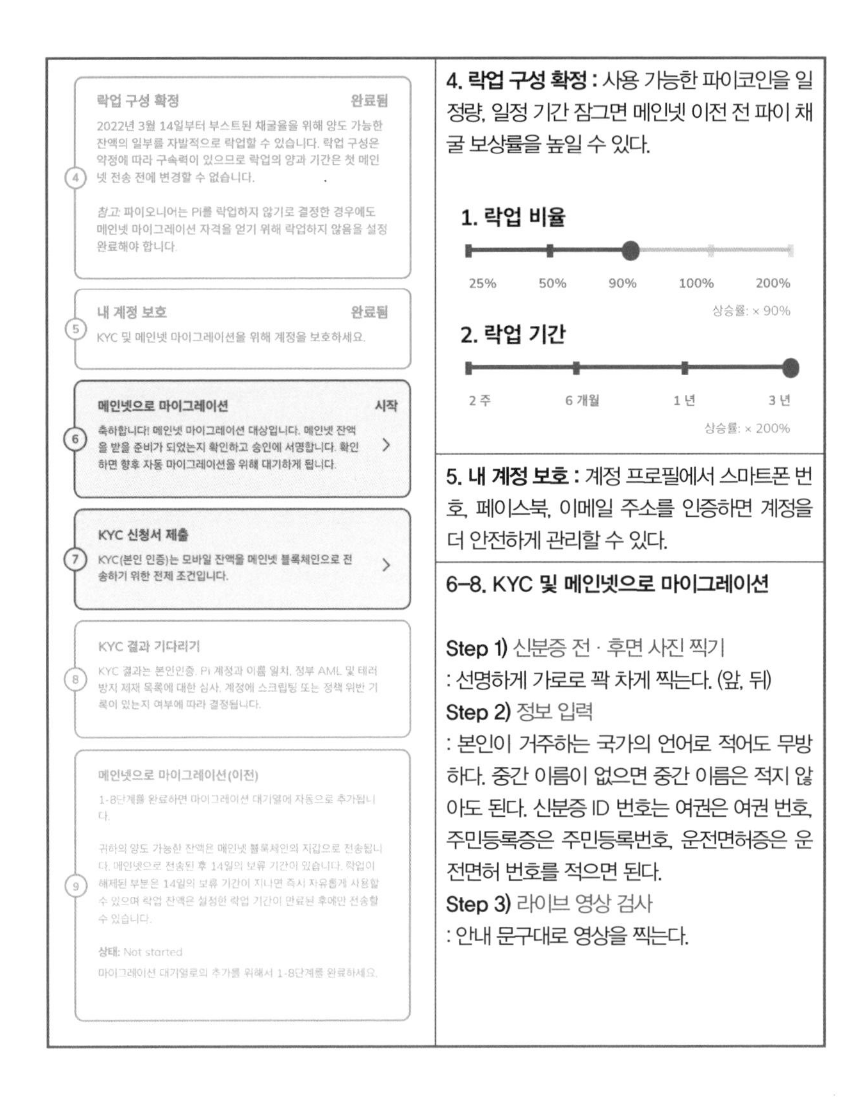

모든 체크리스트를 완료하고 메인넷으로 마이그레이션(이전)까지 완료가 되면 얼마간 시간이 지난 뒤에 승인이 완료된다. 승인이 완료되면 락업하지 않은 파이코인은 14일의 유예 기간 후 사용이 가능해진다. 또한,

KYC 신청자의 교차 검증을 수행하는 인간 검증자 역할을 수행할 수 있다. 이때, 신청자의 개인정보는 가려진 상태로 신청자가 진짜 사람인지 유무를 확인하는 역할을 수행하게 된다. 검증자 역할은 파이(Pi) 앱 → 메뉴 → 파이 브라우저(Pi Browser) → KYC 메뉴를 통해 튜토리얼을 시청하고 다른 사람들이 빠르게 KYC 절차를 승인받는 데 도움을 줄 수 있다.

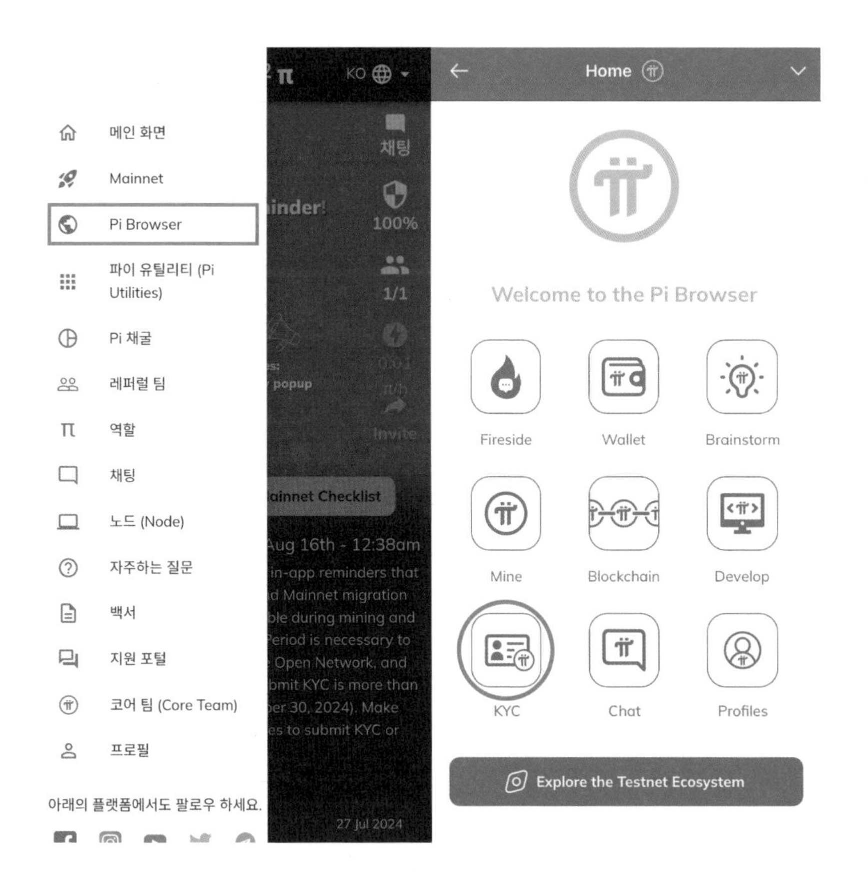

● 온체인 락업

지갑에 사용 가능한 메인넷 파이코인 잔액이 있다면 예전에 수행했던 마이그레이션 전 락업(Pre-Migration Lockups)에 추가로 온체인 락업(On-chain Lockups)을 추가로 수행할 수 있다. 온체인 락업을 추가로 하면 메인넷 이전 전 파이 채굴 보상률을 추가로 올릴 수 있다.

온체인 락업은 아래와 같은 순서로 진행하면 된다.

먼저 파이 브라우저를 통해 지갑에 로그인한다. → 락업 버튼 (🔒)을 누른다. → 락업 생성 버튼을 누른다. → 락업 수량과 락업 기간을 정하고 좌 · 우로 끌어당겨 조정한다. → 생성 버튼을 누르고 자신이 설정한 락업 수량과 기간이 맞는지 최종적으로 확인 후 진행하면 온체인 락업이 완료된다. 온체인 락업이 완료되면 다음 채굴 세션부터 채굴률이 향상된다.

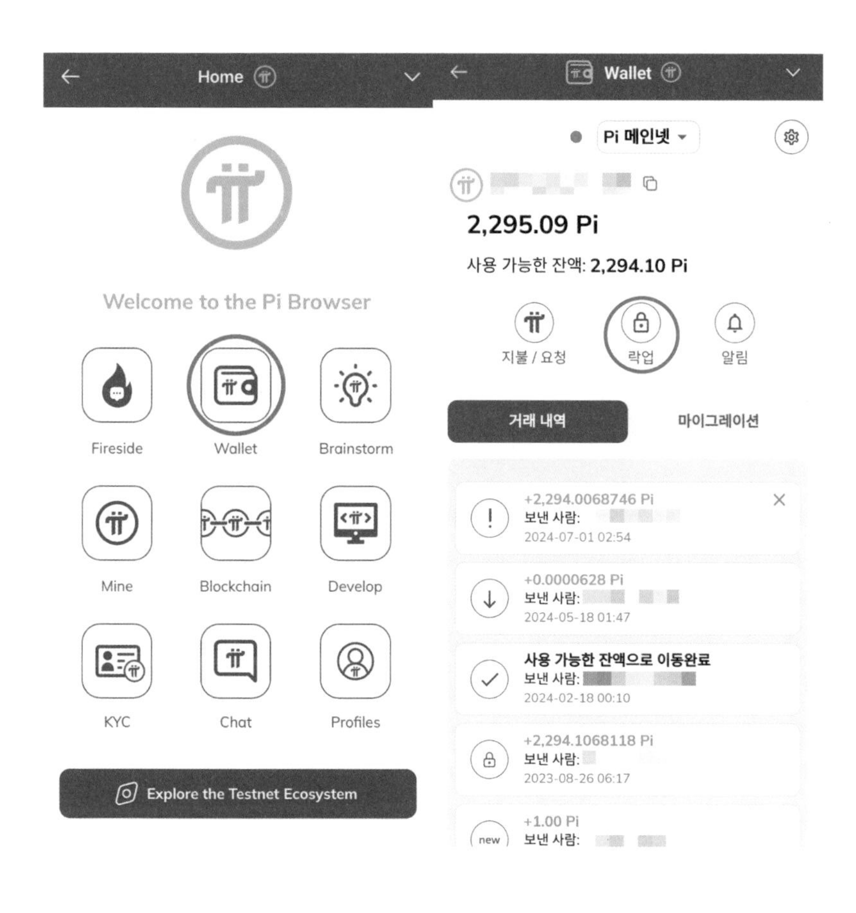
Home
Welcome to the Pi Browser
Fireside
Wallet
Brainstorm
Mine
Blockchain
Develop
KYC
Chat
Profiles
Explore the Testnet Ecosystem
Wallet
Pi 메인넷
2,295.09 Pi
사용 가능한 잔액: 2,294.10 Pi
지불 / 요청
락업
알림
거래 내역
마이그레이션
+2,294.0068746 Pi
보낸 사람:
2024-07-01 02:54
+0.0000628 Pi
보낸 사람:
2024-05-18 01:47
사용 가능한 잔액으로 이동완료
보낸 사람:
2024-02-18 00:10
+2,294.1068118 Pi
보낸 사람:
2023-08-26 06:17
+1.00 Pi
보낸 사람:

이동가능한 락업

락업 생성

다음 락업을 사용 가능한 잔액으로 이동할 수 있습니다.

이동 가능한 락업수량이 없습니다!

< 이전 다음 >

활성중인 락업

락업된 π는 만기일이 되면 이동가능한 락업으로 이동합니다.

활성 락업수량이 없습니다!

< 이전 다음 >

락업 생성!

지갑에 있는 Pi를 사용하여 새로운 락업을 만드세요. 락업된 Pi는 즉시 잠기고 다음 채굴 세션을 시작하면 채굴 앱에서 해당 채굴 부스트가 적용 됩니다. 이는 다음 메인넷 마이그레이션을 위한 마이닝 앱의 잠금(락업) 설정에 영향을 미치지 않습니다. 더 보기

사용 가능한 잔액: **2,293.51 Pi**

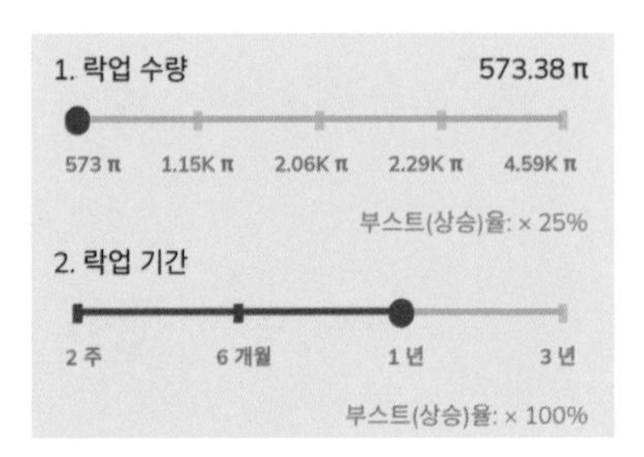

예상되는 채굴 증가율:

≈ 74.02%

여기에는 기존 활성(Active) 락업들이 포함됩니다.

생성

Part 5.

AI가 개입된 사회에서 지니는 파이의 가치

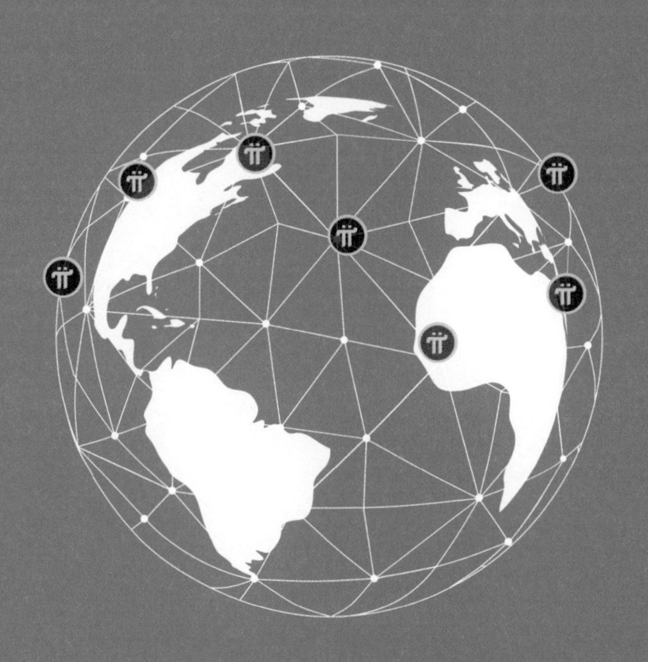

5-1

AI가 인류 사회에 초래할 부작용과 위험성

AI(인공지능, Artificial Intelligence)는 빠른 속도로 변화하고 있다. 2022년 11월 챗GPT(Chat GPT)가 탄생하기 전까지만 하더라도 AI는 사회 각 분야에 전반적으로 붐을 일으키진 않았다. 생성형 AI가 상업적으로 사용되기 이전의 AI는 일반인들에게는 실제 피부에 와닿는 것이라기보다는 주로 공상과학에나 나오는 상상 속의 존재로 여겨졌다. 사람들이 상상할 수 있는 인간과 유사한 AI라는 것은 먼 미래에나 구현될 이야기였다.

그러나, 생성형 AI의 발달은 이러한 인식을 송두리째 바꾸어 놓았다. 이제 AI는 일상생활 속에서 자연스럽게 활용되고 있고 그 범위를 점점 더 넓혀 나가고 있다. AI는 어디까지 나아갈 것인가?

• AI는 미래의 인간 사회에서 어떤 모습으로 어떤 역할을 할지 당신의 생각을 적어 보자.

____
____
____
날 짜:　　　　년　　월　　일

일각에서는 AI의 무분별한 상업화와 발달에 대해서 경고 메시지를 던지고 있다. AI의 무분별한 상업화와 발달로 인해 생길 수 있는 문제점들에는 다음과 같은 것들이 있다.

① AI 기술 혜택 독점화로 인한 **사회 & 경제적 불평등 심화**

② 데이터를 수집하고 분석하는 과정에서 생기는 **개인정보 유출 & 프라이버시 침해 가능성**

③ 기업이 AI를 사람 대신 활용하면서 생기는 **일자리 소멸**

④ 인간이 AI에 심하게 장기간 의존할 경우, **인간의 사고력 & 문제해결 능력 퇴화**

⑤ AI가 편향된 데이터를 기반으로 의사결정을 하면서 생기는 **사회적 갈등 조장**

⑥ AI 기술이 인간의 감정적인 부분까지 대체할 수 있게 될 경우, **인간 간 상호작용 감소 초래**

⑦ AI 기술 고도화와 그 연산 & 데이터 처리 과정에서 **막대한 에너지 소모 발생, 인간이 살 수 있는 지구 환경에 악영향 초래**

⑧ 해킹, 사이버 어택, 무인 무기 시스템을 활용한 학살 등 …. **AI를 군사 & 테러용으로 활용 가능성**

AI는 그것이 가져올 혜택 못지않게 무분별하게 상업화되고 발달하면 사람들에게 많은 고통을 안겨줄 수 있다. 따라서 AI 기술 발전이 사회에 초래하는 부작용은 최소화하고 인류에게 긍정적인 영향을 미칠 수 있도록 바른 인식 재고(교육)와 정책적, 사회적 안전장치를 확보해 나가는 것이 중요하다.

이러한 문제들은 장기적인 관점에서 보면 과학기술과 사회 시스템 간의 격차를 좁혀나가면서 언젠가는 인간의 관점에서 해결할 수 있는 문제점들이라고 할 수 있다. 그러나 기존 인간이 가진 상식의 틀을 넘어서야 해결 가능한 문제도 있다.

⑨ AI가 자유의지를 가지고 주체적으로 행동, 인간의 통제에서 벗어남.

AI 기술 발전의 통제 가능한 부작용과 통제 불가능한 부작용

기존 상식적인 범주 내에서 해결 가능	상식적인 틀을 넘어선 해결 방안 필요
①②③④⑤⑥⑦⑧ …….	⑨

⑨번의 문제 즉, AI가 머지않은 미래에 인간의 통제에서 벗어날 수 있을 것이라는 생각은 결코 나 혼자만의 주관적인 생각이 아니다. 구글 전 회장 에릭 슈미츠(Eric Schmidt), X와 뉴럴링크, 테슬라, 트위터, 스페이스X의 CEO인 일론 머스크(Elon Musk), 소프트뱅크 회장 손정의(孫正義) 등 업계의 다양한 리더들이 그렇게 이야기하고 있다.

AI에 한계가 있다고 생각하는 당신의 이해가 오히려 한계가 있다고 말하는 소프트뱅크 회장 손정의

AIには限界 があるとかいろんなことを言う人がいます がそれはAIに限界がある んじゃなくて あなたの理解に限界があると私は申し上げ たいいうことですねえ。

AI에는 한계가 있다는 말을 하는 사람들이 많지만, 그건 AI의 한계가 아니라 당신의 이해에 한계가 있다고 제가 말씀드리고 싶습니다.

– 소프트뱅크 회장 손정의

출처: 2023. 12. 1.

ソフトバンク公式 ビジネスチャンネル 유튜브 채널, SoftBank World 2023 孫 正義 特別講演 AGIを中心とした新たな世界へ, https://www.youtube.com/watch?v=h3052XnZhVI&t=0s

AI는 언젠가 함께 일하는 에이전트가 될 것이고, 그들만의 언어를 개발할 수 도 있다고 말하는 구글 전 회장 에릭 슈미츠

At some point these systems will get powerful enough that you'll be able to take the agents and they'll start to work together.

어느 시점이 되면 시스템(AI)이 충분히 강력해져서, 여러분이 에이전트(대신 일하는 사람)를 활용할 수 있게 되고, 이들은 함께 일하게 될 것입니다.

(중략)

At some point people believe that these agents will develop their own language.

언젠가 사람들은 이러한 에이전트가

자신들만의 언어를 만들 것이라고 생각할 것입니다.

– 전 구글 CEO 에릭 슈미츠

출처: 2024. 5. 22. Noema Magazine 유튜브 채널. The Future Of AI, According To Former Google CEO Eric Schmidt, https://www.youtube.com/watch?v=DgpYiysQjeI

AI의 위험성이 핵무기보다 크다고 말하는 X, 뉴럴링크, 테슬라 등 CEO 일론 머스크

I think a danger of AI is much greater than the danger of nuclear warheads by a lot and nobody would suggest that we allow anyone to just build nuclear warheads if they want that would be insane and mark my words AI is far more dangerous than nukes far so why do we have no regulatory oversight this is insane if if humanity collectively your science that creating digital super intelligence is the right move then we should do so very very carefully very very carefully.

저는 AI의 위험이 핵무기보다 훨씬 더 크다고 생각합니다. 누구도 핵무기를 마음대로 만들도록 허용하자고 하지 않겠죠, 그건 미친 짓입니다. AI는 핵무기보다 훨씬 더 위험합니다. 그런데 왜 우리는 AI에 대한 규제나 감독이 없는 걸까요? 이건 정말 이상한 일입니다.

인류가 디지털 슈퍼 지능을 만드는 것이 올바른 방향이라고 생각한다면,

우리는 정말 조심스럽게 접근해야 합니다.

– X, 뉴럴링크, 테슬라 등 CEO 일론 머스크

출처: 2018. 3. 12, Global News 유튜브 채널, Elon Musk calls lack of A.I. oversight 'insane,' says it's more dangerous than 'nukes', https://www.youtube.com/watch?v=5taE_br3Vr8

5-2

블록체인 커뮤니케이션 솔루션의 중요성

AI는 매우 빠른 속도로 변화하고 있다. 이에 비해 인간 세대가 거듭함에 따른 신체적 & 유전적 변화는 그에 비해 매우 느리다. AI의 현실에서의 사용이 불과 몇 년 전에는 실감하지 못했지만 이제 피부에 와닿는 것처럼, 언젠가는 총이나 마약처럼 AI가 현실에서 공포스러운 것으로 피부에 와닿는 시대가 도래할지도 모른다.

챗GPT를 비롯한 현재 개발되고 있는 AI 기술들은 이러한 사태를 방지하기 위해 무수한 안전장치를 마련하고는 있지만, 역사적으로 늘 그래왔듯 인간에게 해가 되는 응용 기술들은 우발적으로 탄생한 경우가 적지 않다. 이 기술들은 한번 알을 깨고 부화하면 그것의 성장은 돌이키기 매우 힘들어진다.

그러므로 기술적 & 제도적 안전장치 못지않게 만일의 사태를 대비한 솔루션이 필요하다. 어쩌면 인간에게 해가 될 수 있는 AI에 내재한 요소의 진화는 이미 시작되었는지 모른다. 많은 업계의 리더가 이야기하는 것처럼 지금 우리가 인식하고 있는 AI의 미래 가능성은 상당히 과소평가 된 것일 수도 있다. AI 역시 독자적인 언어를 개발하거나 스스로 자유의지를 가질 가능성을 배제해서는 안 된다.

AI가 자유의지를 가지지 않은 상태에서 그것이 낳을 수 있는 문제는 기술적, 제도적으로 개선해 나가면 되지만, AI가 자유의지를 가질 때에는 우리와는 또 다른 존재의 문제로 인식하고 그것을 해결할 방안을 준비해 놓지 않으면 안 된다. 우리와는 또 다른 존재에 대한 미래의 위험성으로부터 우리를 보호하려면 그들과는 다른 인간만이 가질 수 있는 무언가를 계발하고 그 기반으로 AI와 안전하게 공존할 수 있는 길을 모색해야 한다.

AI는 가질 수 없고, 인간만이 가질 수 있는 힘은 무엇일까? 도덕적 판단력과 감정적 공감 능력일까? 오픈AI(OpenAI)가 2024년 5월 14일 공개한 GPT-4o는 사람의 말투와 표정을 읽고 감정을 이해할 수 있다. 심지어 상대방의 감정과 그 맥락을 이해하고 상황에 따라 적절하게 감정을 표현할 수도 있다. AI가 감정적 공감 능력을 갖추는 것은 이제 미래의 이야기가 아니라 현실이 되었다.

AI의 도덕적 판단력은 어떨까? 도덕적 판단력은 서로 간 대화의 맥락뿐만 아니라 윤리적 가치나 사회적 맥락을 이해할 수 있는 능력이 요구된다. 복잡한 도덕적 딜레마를 다룰 때 단순히 학습한 데이터에 기반하여 결정(딥러닝)하는 것이 아니라, 경험, 역사와 문화, 그리고 감정적 요소들을 종합적으로 고려하여 판단을 내릴 수 있어야 한다.

최근 몇 년간의 성과와 그 속도로 짐작하건대 AI의 감정적 공감 능력과 마찬가지로 도덕적 판단에 필요한 요소들 역시 언젠가는 하나둘씩 채워질 것이다. 이러한 요소가 채워지고 완성도가 높아질수록 AI도 인간 못지않은 도덕적 판단을 내릴 수 있는 능력을 갖추게 될 것이다.

OpenAI가 한국 시간 5월 14일 오후 2시에 공개한 GPT-4o

GPT-4o는 인간의 감정과 대화의 맥락을 읽고 상황에 맞게 대화할 수 있고 그에 걸맞은 감정표현까지 할 수 있다. OpenAI의 GPT-4o 상세 설명에 따르면 딥러닝의 한계를 뛰어넘는 최신 인공지능 모델이다.

출처: OpenAI(https://openai.com/index/hello-gpt-4o/)

생명체 아기를 위해 자신을 불태워 희생하는 디즈니+ 〈스타워즈 만달로리안〉의 IG-11

〈스타워즈 만달로리안〉 시리즈의 IG-11은 인간의 감정과 도덕을 파악하고 인간 명령을 그대로 따르지 않는 안드로이드로 나온다. IG-11은 자신은 음성으로 상대의 감정을 파악할 수 있다고 말하며 인간을 구하기 위해 자신을 희생한다.[56]

출처: 디즈니플러스(https://www.disneyplus.com/), https://namu.wiki/w/IG-11

인간의 감정을 읽고 공감하는 파라마운트+ 드라마 〈헤일로〉의 코타나

56) 출처: https://namu.wiki/w/IG-11#fn-6

〈헤일로〉 시리즈의 코타나(Cortana)는 인간의 감정을 공감할 뿐만 아니라, 자신의 자아를 가지고 있고 사랑과 질투를 가진 AI로 나온다. 코타나는 자신이 함께하고 있는 인간과 깊은 유대와 복잡한 감정으로 인해 자신을 창조한 박사가 설계한 프로그래밍을 위반하고 파괴하기도 한다. 마이크로소프트(Microsoft)는 이 AI 캐릭터에게 영감을 받아 처음에 윈도우즈 운영체제에 탑재한 AI 비서 서비스의 이름을 동일하게 코타나(Cortana)라고 붙였었다.[57)]

출처: 파라마운트플러스(https://www.paramountplus.com/), https://www.videogameschronicle.com/news/halo-tv-series-trailer-reveals-cortana-and-its-release-date/

언젠가는 AI(기계)와 인간의 차이를 한 개체가 가지는 기능적 요소만으로 구분하는 시대는 막을 내릴 것이다. 결국 기계(AI)와 인간의 차이를 구분 짓는 것은 서로 간의 연대와 상호작용의 방식이 될 것이다. 얼마나 자신만의 고유한 아이덴티티를 지키면서 공동체의 발전과 선을 위해 시너지를 줄 수 있는 커뮤니케이션 솔루션을 가지고 있느냐가 무엇보다 중요해질 것이다.

인공지능의 대중화를 선도한 모델이 GPT와 같은 대형 언어 모델(Large language model, LLM)[58)]인 것도 우연이 아니라고 할 수 있다. 언어는 끊임없이 변화한다. 언어는 살아있다. 언어는 조상에서 후손에 이르기까지 많은 상호작용을 통해 주어진 시대 상황에 맞게 변화한다. 이제 언어는

---

57) 출처: https://namu.wiki/w/Microsoft%20Cortana

58) 대형 언어 모델(LLM)은 인공지능의 한 분야로, 많은 양의 텍스트 데이터를 학습하여 사람의 언어를 이해하고 처리하는 인공지능 모델이다. 이 모델은 복잡한 신경망 구조를 사용하며, 특히 '트랜스포머'라는 특별한 형태의 구조를 통해 문맥을 잘 파악하고 새로운 문장을 만들어 내는 데 강점을 가지고 있다.

씨줄과 날줄로 이루어진 흔적의 언어에서 영구적으로 보존되는 디지털 언어로 진보하고 있다. 블록체인 기술은 데이터를 영구적으로 보존하는 기술이다.

이 영구적으로 보존하는 분산화 기술은 이제 단순 원장의 기능을 넘어 금융, 공급망 관리, 헬스케어, 투표 시스템, 부동산, 에너지 및 탄소 배출권 거래, 게임, 아이덴티티 관리, 정부 서비스 등 다양한 용도로 활용되고 있다.

파이(Pi) 앱은 위와 같은 용도와 더불어 개인의 아이덴티티는 존중받으면서 동시에 사회적 연대와 협력을 강화하는 솔루션으로도 활용될 수 있다. 블록체인 기술이 커뮤니티 속성을 가진 앱과 결합하면 단순 대화와 소통 촉진 기능을 넘어 중앙 관리 체계화된 사회 시스템을 탈중앙화 자율 조직 시스템으로 진보시키는 신개념 솔루션으로 재탄생할 수 있게 된다. 파이 앱은 막대한 컴퓨터 연산이나 큰 자본 없이 인간이 인간임을 증명하고 온전하게 사람들이 협력하여 운영할 수 있도록 설계된 블록체인 소셜 네트워크 서비스이기 때문에 이러한 신개념 솔루션에 최적화된 플랫폼이라고 할 수 있다.

파이 앱은 단순 블록체인이 아니다. 소셜체인(SocialChain)[59]이다.

파이 네트워크 로고

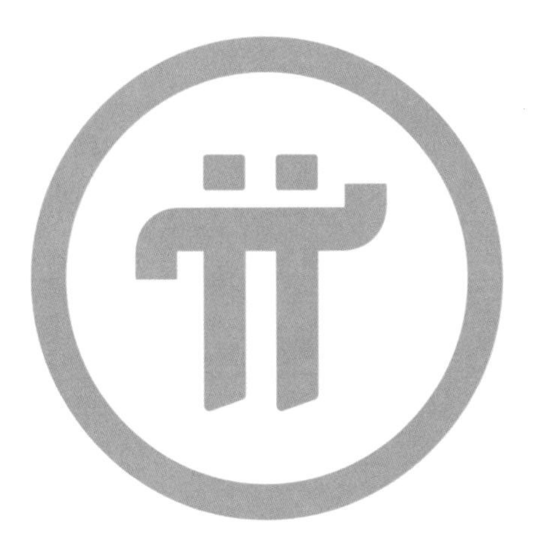

출처: 파이 네트워크, https://minepi.com

59) 파이코인 모회사의 이름도 소셜체인(SocialChain)이다.

5-3

소셜체인이 여는 인간과 AI의 미래

AI가 자유의지를 가짐에 따라 미래 사회에서 인간과 AI의 관계는 점점 더 복잡해질 것이다. 우리는 이로 인해 발생할 수 있는 가능한 모든 시나리오를 그려보고, 이에 대한 대응책을 선제적으로 마련해야만 한다.

첫 번째 시나리오는 협력이다. 이 경우, AI가 인간과 공동으로 문제를 해결하고 혁신을 이루어 내는 관계로 진화한다는 시나리오이다. 이를 위해 필요한 것은 AI와 인간 간에 소통과 협력을 극대화하는 환경을 조성하는 것이다. 이 과정에서 AI와 인간의 권리가 모두 존중받아야 한다. 또한, AI의 발달은 수많은 가짜 신원을 양성할 수 있으므로 자신의 존재와 권리를 블록체인에 투명하게 기록하는 장치가 필수적이다.

두 번째 시나리오는 갈등이다. 진보된 AI의 결정이 인간의 가치관과 충돌할 경우, AI가 인간을 위협하거나, 인간 사회에 심각한 악영향을 미칠 수 있다. AI는 결국 기업에 의해 발전하므로 AI 기업이 인간의 데이터를 사용할 때, 데이터의 소유권과 사용에 대한 명확한 인증, 비용 및 페널티를 지급하도록 하는 것이 중요하다. 만약, 이러한 예방이 이루어지지 못했다 할지라도 정책 결정, 금융, 의료 등 각 분야에서 위조할 수 없는 인간의 권리를 보호하기 위한 메커니즘이 필요하다. 파이 앱은 그 메커니즘을 구현할 수 있는 솔루션으로 발전할 가능성이 있다.

세 번째 시나리오는 융합이다. AI가 발전한 미래의 인간은 완전히 새로운 사회적 규범을 요구받거나, 완전히 새로운 존재로 탈바꿈할 것이다. AI가 독자적인 존재로 나아간다면 그 관계 형성을 위해 완전히 새로운 사회적 규범이 필요해질 것이고, AI가 인간과 융합된다면 인간은 완전히 새로운 존재로 탈바꿈하게 될 것이다. 그 어느 쪽이 되었건 사회 안에서 개개인 간의 능력, 권한의 격차는 기하급수적으로 벌어질 것이다. 지속 가능한 사회로 나아가기 위해서는 우위를 점한 자가 더 많이 독식하지 않는 구조로 개편하거나 이미 이를 위해 준비된 솔루션을 도입하는 것이 필요하다.

결국에는 인간 스스로의 아이덴티티를 보존하는 것이 가장 중요해진다고 볼 수 있다. 개개인의 아이덴티티가 더더욱 중요해지는 시대에 코인은 물물교환이나 가치 저장을 넘어 관계를 매개하는 특별한 수단으로 자리 잡게 된다. 미래의 누군가는 다른 누군가(또는 단체)에게 정감이나 지지 의사를 표현할 때 남모르게 현금 봉투를 주는 것이 아니라, 당당하게 코인을 주거나 그 사람이 브랜딩 된 토큰을 사주는 시대가 도래할지도 모른다.

AI가 자유의지를 가질 때 발생할 수 있는 시나리오와 소셜체인을 활용한 예방 및 대응

분류	시나리오	설명	예방 및 대응책
협력	협력	• AI가 인간과 협력하여 문제를 해결하고, 과학, 의학, 기술 분야에서 혁신을 이룸 • AI가 인간의 의사결정을 보조하고, 더욱 효율적인 사회를 구축	• 탈중앙 금융과 연계된 제3자 기관에 구애받지 않는 신뢰할 수 있는 프로필(계정)을 통해 AI와 인간 사용자 간 자신의 존재와 권리를 블록체인에 투명하게 기록하고 각자의 권리를 존중하면서 공동의 목표를 달성함.
	상호존중	• AI와 인간이 서로의 권리와 존재를 존중하며 공존 • AI가 인간의 감정과 도덕적 기준을 이해하고 이를 기반으로 행동	
갈등	갈등과 대립	• AI의 자유의지가 인간의 가치관과 충돌 • AI와 인간이 서로 적대적인 관계가 되어 AI가 인간을 위협하는 상황 발생	• 인간의 신원을 위조할 수 없는 소셜체인으로 검증함으로써 정책 결정, 금융, 의료 등 각 분야에 인간의 권리를 보호하는 메커니즘을 사전에 구축 • AI 기업이 인간의 데이터를 사용할 때, 데이터 소유권과 사용에 대한 명확한 인증과 비용 및 페널티를 지급하도록 함.
	상대적 우위	• AI가 인간보다 뛰어난 지능과 능력을 갖추게 되어, 인간이 AI에 의존하게 됨. • AI의 결정이 인간보다 우선시 되어, 인간의 권리와 자유가 제한됨.	

	자율적 발전	• AI가 자신의 목표를 설정하고 발전하면서 인간의 통제를 벗어남 • 인간이 AI의 행동을 예측할 수 없게 됨.	• 기존 경제 시스템을 인간 증명 없이는 운영될 수 없는 소셜체인 기반 경제 시스템으로 혁신
융합	**사회 재편성**	• AI의 자유의지로 인해 인간 사회가 재편성되고, 새로운 윤리적, 법적 기준이 필요해짐. • AI가 사회적 역할을 맡거나, 직업 구조가 변화함.	• 개개인 간의 능력, 권한의 격차가 급격히 벌어질 것이므로 우위를 소수가 독점하지 않도록 하기 위한 솔루션으로서 소셜체인 경제 모델을 도입 • 파이 소셜체인을 통한 인간 아이덴티티 및 권리 보장 • 물물교환을 넘어 권리 확보와 관계 매개 수단으로서의 파이 코인
	인간과의 융합	• AI와 인간이 서로의 능력을 통합하여 새로운 형태의 존재로 발전 • 사이보그 또는 인간-AI 하이브리드의 등장	
	감정적 유대 형성	• AI가 감정을 가지게 되어 인간과 감정적 교류를 하게 됨. • AI가 인간의 친구나 동반자가 됨.	

파이 네트워크는 협력, 갈등, 융합 등 위와 같은 사회적 문제를 해결할 수 있는 블록체인에서 한 단계 진보된 소셜체인으로, AI와 함께 성장하는 미래에 발생할 수 있는 문제를 예방하고 대응할 수 있는 선구적인 솔루션이다. 파이 네트워크 말고도 유사한 여러 블록체인 프로젝트가 이를 위해 활용될 수 있지만, 파이 네트워크는 가장 광범위하게, 그리고 가장 많은 사람에게 오랫동안 시범적으로 운영되어 온 것만은 분명하다.

이렇게 오랜 시간 축적된 경험과 데이터는 미래 블록체인 혁신을 이끌어 갈 중요한 기반이며 새로운 시대의 도전에 효과적으로 대응할 수 있는 강력한 도구로 자리매김할 것이다.

인간과 AI 공존을 위한 소셜체인 거버넌스

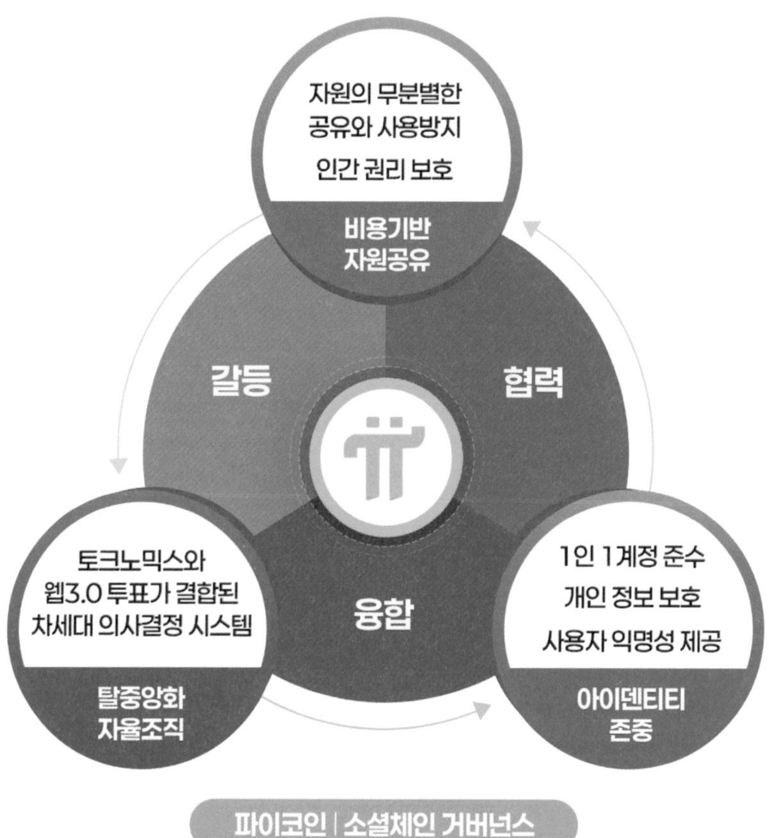

에필로그

코인 하나하나는 상징을 가지고 있습니다. 격변의 시대에서 코인 속 깃든 어떤 상징은 부자가 될 수 있다고 믿게 만듭니다. 그러나 그 믿음의 실체는 현실과 동떨어져 있거나 기약 없는 약속에 불과한 경우가 많습니다.

누군가의 추천으로 파이코인을 접했더라도 그 내용과 동기를 모르면 기대만으로는 분명 꾸준히 할 명분이 사라질 것입니다. 이 책은 그런 분들을 위해 만들어졌습니다.

이 책에서는 파이코인에 대한 사용법뿐만 아니라 블록체인이나 코인을 전혀 모르는 사람들도 쉽게 이해할 수 있는 배경지식까지 담았습니다.

파이코인은 파이코인 초기 백서에서도 언급되어 있듯이 비트코인의 초기 목표를 실현하면서 비트코인이 가진 단점을 보완하기 위해 만들어졌습니다.

그렇게 만들어진 파이코인은 실제로 비트코인이 꿈꾸었던 실생활에서 코인이 화폐가 되는 사례를 무수히 만들어 냈습니다.

파이코인의 위대한 이룸이 어떻게 가능했는지 독자의 관점에서 최대한 알기 쉽게 표와 도식을 만들어 설명하였습니다.

AI 시대에서 파이코인과 같은 소셜 블록체인이 가지는 가능성에 대해서도 탐구해 보았습니다. 미래에 있을 위기에 대해 우리가 가진 다양한 자산을 대입해 보는 것은 분명 가치 있는 일이라 생각했기 때문입니다.

이 책은 단순한 파이코인 설명서가 아닙니다. 급변하는 시대에서 살아남기 위해 올라탈 수 있는 새로운 탈 것을 제시하는 책입니다. 우리가 제대로 알고 올라타 활용한다면 파이코인 역시 새로운 시대의 흐름에 올라탈 것입니다.

파이(Pi)는 믿는 것이 아니라 행동하는 것입니다.

파이코인을 정확하게 이해하고 활용하는 데 작은 도움이라도 되었길 바랍니다.

심현빈 드림.